Ruth Ahl

Eure Töchter werden Prophetinnen sein . . .

Kleine Einführung in die Feministische Theologie

Herder Taschenbuch Verlag

Originalausgabe
erstmals veröffentlicht als Herder-Taschenbuch

Herder Freiburg · Basel · Wien
Herstellung: Freiburger Graphische Betriebe 1990
ISBN 3-451-08673-5

Allen totgeschwiegenen Frauen,
allen stumm gehaltenen oder zum Verstummen
gebrachten Frauen,
allen am Selbst-Werden gehinderten Frauen
in Geschichte und Gegenwart

[illegible]

19. III. 91

Inhalt

EXKURSE

LITERATURBERICHTE

Frauen als Subjekte und Objekte
theologischen Nachdenkens

Vorbemerkung

Das hier vorgelegte Buch möchte eine Brücke bauen: Eine Brücke der Hinführung und des Verstehens für Leserinnen und Leser, die sich bislang noch nicht oder nur wenig mit feministischer Theologie beschäftigt haben, denen der Ausdruck ‚feministisch' in Zusammenhang mit Theologie vielleicht suspekt erscheint, die möglicherweise resignieren vor der Flut von Veröffentlichungen auf diesem Gebiet. Es möchte Berührungsängste abbauen und den einen Lust machen zu der Entdeckung, daß sie ihren christlichen Glauben an der Garderobe des Feminismus nicht abzulegen brauchen, den anderen, daß sie ihr feministisches Bewußtsein vor den Türen des Christentums nicht zurücklassen müssen. Jahrzehntelange Erfahrungen aus der Bildungsarbeit mit Frauen sind in die Darstellung eingegangen. „Warum hat uns das noch nie jemand gesagt?" – Diese Frage einer Frau nach einem biblischen Seminar habe ich nicht mehr vergessen können!

Das Buch versucht, die erwähnte Brücke in drei Teilen zu bauen: Da sind zunächst zwölf Kapitel, die in allgemeinverständlicher Sprache grundsätzliche Fragen feministischer Theologie behandeln. Elf davon sind für die Buchausgabe überarbeitete und erweiterte Beiträge einer Artikelreihe, die im Jahrgang 1989 der von der Katholischen Frauengemeinschaft Deutschlands herausgegebenen Zeitschrift FRAU UND MUTTER erschienen ist. Durch Exkurse unterschiedlicher literarischer Art wird punktuelle Vertiefung oder Verdeutlichung angeboten. Literaturberichte stellen zusammen mit Buchhinweisen in den und zu einzelnen Kapiteln rund hundert Buchveröffentlichungen der letzten Jahre vor.

Gelegentliche Überschneidungen waren bei der Dreiteilung der Anlage nicht ganz zu vermeiden, ohne den Verstehenszusammenhang der Einzelbeiträge zu beeinträchtigen.

Vorangestellt ist an Stelle eines ‚Vorworts' ein Text, der auf narrative Weise in die Gesamtproblematik einführt und persönliche Betroffenheit auslösen möchte. Er ist entstanden aus einem Autorengespräch der Jugendzeitschrift „17" zu der Frage „Frau müßte man/MANN sein" beziehungsweise der je unterschiedlichen Betonung dieses Satzes; er war veröffentlicht in der Ausgabe 2/1987 von „17".

Zu danken habe ich allen hier und an weiteren Stellen genannten Redaktionen für die Ermöglichung dieser Arbeiten, vielen Gesprächspartner/inne/n bei Seminaren, Akademie-Tagungen, Vortragsabenden für wesentliche Anregungen, Diplomtheologin Karolin Küpper für kritische Durchsicht des Manuskripts, Leonie Höhren für verständnisvolle lektoratsmäßige Betreuung, meinem Mann für das lebenslange ‚Teilen' seines beruflichen Wissens und Könnens wie für die geduldige Hinnahme all der kleinen und größeren Einbußen an geordnetem Haushaltsablauf und ‚familiärer Gemütlichkeit', die solche Tätigkeiten einer Frau mit sich bringen – noch immer nicht selbstverständlich!

Freuen würde ich mich über Rückmeldungen von Leserinnen und Lesern, um selbst an der Problematik weiterarbeiten und weiterlernen zu können (Zuschriften erbeten an Verlag Herder, Taschenbuch-Lektorat für Ruth Ahl, Hermann-Herder-Straße 4, D-7800 Freiburg i. Br.).

Bonn, im Januar 1990 *Ruth Ahl*

Anstelle eines Vorworts

Frau müßte man/MANN sein

Ist dieser Satz, so ohne Punkt und Komma, ohne Ausrufe- oder Fragezeichen etwas Selbstverständliches? Oder ist er eine Ungeheuerlichkeit? – Ich möchte Sie zu einem kleinen ‚Denkspaziergang' einladen!

Da hat der Schöpfer jemand ins Dasein gerufen, ins menschliche Dasein, und das gibt es nicht abstrakt, als Mensch an sich, sondern immer nur konkret in der Ausprägung als weibliches oder männliches Dasein. Als Mann oder Frau. Von allen anderen Komponenten der Begabung, der Eltern, des Volkes, der Zeit, in die ‚man' hineingeboren wird, einmal abgesehen. Und nun ist da jemand nicht zufrieden. Offensichtlich eine Jemand. Sie findet sich als weibliches Wesen vor in dieser Welt, und sie hat sich wahrscheinlich schon ein bißchen umgesehen auf dieser Erde. Und das, was sie gesehen, gehört, erfahren hat, das muß sie zu der Aussage, zu dem wünschenden Ausruf veranlaßt haben, den ich einmal etwas umformulieren will: „Ein Mann müßte ‚man'/‚frau' sein", vielleicht zu ergänzen „dann wäre das Leben erst wirklich auszuschöpfen, dann öffneten sich einem erst alle Möglichkeiten". Worin ja wohl unausgesprochen mitklingt, daß das Leben als Frau nicht rund und voll ist, sondern verkürzt und verkümmert, in vielen Möglichkeiten verbaut.

Welche Erfahrungen mag unsere Jemand gemacht haben, die sie zu solchen Schlüssen führten? Vielleicht ist in den ersten Lebenstagen schon in ihr Unterbewußtsein eingedrungen, wie sehr die Eltern enttäuscht waren, daß sie kein Junge war, nicht der ersehnte „Stammhalter“, der einmal den Namen weiterführen würde (vom seit 1976 gültigen neuen Namensrecht hätte man damals wohl noch nicht einmal zu träumen gewagt). Was sich im Unterbewußtsein eingenistet hatte, das wurde bestätigt und bestärkt in vielen kleinen Einzelheiten des Alltags, wurde festgemauert bei den Weichenstellungen des Lebens. Der nach ihr geborene Bruder bekam den Lego-Bausatz, den auch sie sich so gewünscht hatte, und seine Eisenbahn mit dem Stellwerk durfte sie nicht einmal anrühren, während von ihr ganz selbstverständlich erwartet wurde, daß er in ihrem Kaufladen den Verkäufer spielte, während sie sich mit der Rolle der Kundin begnügen mußte. Wenn er mit zerschlissenen Hosen vom Bäumeklettern nach Hause kam, sah die Mutter drüber weg: „Ein Junge muß ja mutig sein und was wagen, sonst wird er kein rechter Mann“, aber wehe, wenn sie das Knie aufgeschlagen und die Strümpfe zerrissen hatte, da kam zum Schmerz noch die Ohrfeige dazu: „Kannst du dich denn nicht wie ein anständiges Mädchen aufführen, was soll aus dir einmal für eine Frau werden?“

Als es darum gegangen war, ob sie aufs Gymnasium dürfte, was sie sich glühend wünschte und was die Grundschullehrerin befürwortete, da hieß es: „In zwei Jahren ist der Peter soweit, und wir können nicht zwei Kinder studieren lassen. Eine Handelsschule und eine Banklehre sind auch eine gute Grundlage.“ Das ist zwar unbestritten richtig, und verglichen mit Mutter, die nach der Volksschule Verkäuferin in einem Schuhgeschäft wurde, oder mit Großmutter, die mit 14 zu einer „Herrschaft“ kam, war es ein enormer Fortschritt. Aber sie wäre halt so gern Ärztin geworden ... Nun, dafür war nun ihr Bruder Oberarzt und wird irgendwann einmal Chefarzt sein, und die Eltern sind sehr stolz darauf. Daß sie eine tüchtige und geschätzte Sparkassenangestellte ist, davon wird kein Aufhebens gemacht.

Ein anderes Kapitel war, daß sie sich als Kind für alles Religiöse begeistert hatte, eifrig war in der Vorbereitung auf

Erstkommunion und Firmung, zu Hause oft „Messe“ gespielt hatte, wobei sie es nicht weiter hinterfragte, daß der jüngere Peter die Rolle des Priesters übernahm und sie ‚der Meßdiener‘ war. Was sie ein paar Jahre später allerdings maßlos enttäuscht hatte, war die Ablehnung, ja schon fast Abfuhr, die ihr der Kaplan erteilte, als sie anfragte, ob sie Meßdienerin werden dürfte. „Ein Mädchen am Altar, was fällt dir denn ein“, hatte er gesagt, und sie war mit einem roten Kopf abgezogen. Ein Riß muß damals, kurz vor der Pubertät, durch ihre noch kindliche Mädchenseele gegangen sein, der nie mehr ganz ausgeheilt ist. Sie ging zwar weiter zur Kirche, aber die Begeisterung war weg. Sie freut sich zwar, daß es in der Gemeinde, in der sie heute lebt, Ministrantinnen gibt, aber allein der Streit darum macht ihr klar, daß Frauen in der Kirche doch noch immer Menschen zweiter Klasse sind. Daß hier ganz besonders gilt: „Mann müßte man/frau sein.“

Sie hat dann einmal, eben weil ihr in diesem Bereich immer mehr Fragen gekommen waren, einen laientheologischen Kurs besucht. Es nahmen fast nur Frauen daran teil. Als eines Tages die Frage gestellt wurde, warum in der katholischen Kirche keine Frauen zu Priestern geweiht würden, auch wenn sie sich zu diesem Dienst berufen fühlten, hatte der Professor nichts anderes zu antworten gewußt als: „Wen Gott zum Priester beruft, den läßt er als Mann zur Welt kommen.“ Also wieder und ganz ohne Wenn und Aber: „Frau müßte Mann sein.“

Nun, für sie, inzwischen verheiratet und Mutter zweier kleiner Töchter, war das keine existentielle Frage. Aber sie konnte sich gut vorstellen, daß es für junge Frauen, die heute Theologie studieren und sich zum pastoralen Dienst berufen wissen, eine existentielle Frage ist, und sie fühlt sich mit diesen jungen Schwestern solidarisch.

Es könnte aber auch sein, daß unsere Jemand gar nicht hier in Mitteleuropa geboren wäre, unter den hier herrschenden

Bedingungen, sondern in anderen Weltgegenden. In den meisten indischen Familien hätte ihre Geburt als Mädchen noch weit weniger Freude ausgelöst. Mädchen, besonders mehrere, sind in Indien eine Last für Eltern: Um sie zu verheiraten, muß die Mitgift herbeigeschafft werden, und sind sie verheiratet, so gehören sie der neuen Familie an und können ihre alten Eltern nicht betreuen oder unterstützen. Sicher schafft auch da die neue Zeit einen Wandel, besonders in der Oberschicht und oberen Mittelschicht, aber nur sehr langsam, und kaum auf dem Lande.

In vielen ostasiatischen Ländern erwarten die Männer von den Frauen noch immer eine Geisha-artige Haltung[1]. Arme Landfamilien, etwa in Thailand oder auf den Philippinen, verkaufen ihre noch minderjährigen Töchter aus Armut in die Freudenhäuser der Städte, für das Vergnügen der Touristen aus Europa oder USA. Kaum verschlüsselte einschlägige Anzeigen sind in unseren Zeitungen zu finden. Christliche Frauenverbände hierzulande haben diesem „Sextourismus“ in Länder der Dritten Welt den Kampf angesagt. Diese Kampagne wurde ausgelöst vom Weltgebetstag der Frauen 1980. Thailändische Christinnen hatten ihn vorbereitet und auf das Problem aufmerksam gemacht.

In manchen Gegenden Afrikas sind der Brautpreis und die Klitoris-Beschneidung von Mädchen noch immer gängige Praxis; sie reduziert ihre sexuelle Erlebnisfähigkeit zugunsten der der Männer, die zudem häufig mehrere Frauen gleichzeitig haben. Daß weibliche Ordensgemeinschaften in Asien und Afrika nicht um Nachwuchs bangen müssen, ist vor diesem Hintergrund verständlich: Die Orden haben hier, in soziologisch-sozialpsychologischer Hinsicht, die gleiche

---

[1] Geisha: ursprüngliche Bedeutung: In Musik und Tanz ausgebildete Gesellschafterin, die zur Unterhaltung männlicher Gäste in japanischen Teehäusern beiträgt.
Übertragene Bedeutung: Auf umfassende ‚Dienstleistung‘ für den Mann ausgerichtete Haltung von Frauen.

Funktion wie bei uns im Mittelalter und noch bis an die Schwelle unseres Jahrhunderts: Sie eröffnen Frauen die Möglichkeit, ein vom Mann unabhängiges, eigenständiges, sinnerfülltes Leben zu führen, getragen vom Geist des Evangeliums und gehalten von schwesterlicher Gemeinschaft und Solidarität.

Hätte unsere Jemand in Australien das Licht der Welt erblickt, so fände sie zwar bezüglich Gleichberechtigung eine fortschrittliche Gesetzgebung vor, mit der jedoch die faktische, von der Pionierzeit her stark androzentrisch-patriarchalisch[2] geprägte Gesellschaft noch keineswegs Schritt hält. Im ibero-amerikanischen Raum, speziell in der Karibik, haben Frauen, besonders die der unteren Schichten, unter den Nachwirkungen der Sklavenzeit zu leiden, die die Familienbande weitgehend zerstörte beziehungsweise gar nicht aufkommen ließ. So ist die Familienbindung der Männer traditionell unterentwickelt, und viele Frauen müssen sich allein mit einer großen Kinderschar, oft von mehreren Vätern, durchschlagen. Es könnte auch sein, daß unsere auf dem südamerikanischen Subkontinent beheimatete Jemand den Weg in eine Ordensgemeinschaft gefunden hätte, fundiert theologisch und pastoral ausgebildet worden wäre und zusammen mit Mitschwestern eine der vielen priesterlosen Pfarreien leitete, in Basisgemeinden inspirierend mitarbeitete. Vor einiger Zeit sah ich einen Fernsehfilm, der eine solche Schwesterngemeinschaft begleitete, die hoch oben in den Anden Indiodörfer betreut, seelsorglich und auch sonst mit Rat und Tat. In manche dieser Siedlungen, die nur mühselig auf Saumpfaden mit Mauleseln zu erreichen sind, ist seit mehr als 200 Jahren kein Priester mehr gekommen! Ich weiß nicht, ob diese Jemand am Abend, wenn sie nach Kindtaufen und Be-

---

[2] Androzentrisch: auf den Mann bezogen; Patriarchat (patriarchalisch): Gesellschaftsform, bei der der Mann eine bevorzugte Stellung in Staat, Religion, Familie innehat und in der die männliche Linie bei Erbfolge und sozialer Stellung ausschlaggebend ist.

erdigungen, nach religiöser Unterweisung und Wortgottesdienst mit Kommunionausteilung, nach Assistenz bei einer Trauung und Ausharren bei einem Sterbenden müde auf ihr Lager sinkt, darüber nachdenkt, warum sie mit dem Sterbenden zwar beten und ihn mit der Frohbotschaft trösten, ihm aber das eigentliche Wort der Lossprechung nicht sagen, die Salbung der Sinne für die letzte Reise nicht spenden durfte, obwohl gerade für den Indio das Zeichen so wichtig gewesen wäre. Nein, ich weiß es nicht, ob ihr dann der Satz „Frau müßte Mann sein“ auf der Zunge liegt. Ich könnte mir denken, daß manchmal ein heiliger Zorn in ihr aufsteigt – ich kann mir aber genauso vorstellen, daß sie so erfüllt ist von dem, was sie tut, daß sie diese Frage nicht, noch nicht oder nicht mehr stellt. Wäre unsere Jemand in den USA geboren, dann wäre sie vielleicht schon frühzeitig, Ende der sechziger, Anfang der siebziger Jahre zur feministischen Bewegung gestoßen und hätte die von dort beeinflußte feministische Theologie kennengelernt oder sich als Ordensfrau eingesetzt für mehr Rechte für Frauen sowohl in der Gesellschaft wie in der Kirche.

Wir können unseren Denkspaziergang auch nach rückwärts in die Geschichte ausdehnen. Mit den Matriarchatsforscherinnen[3] würden wir dann wohl jene stärker matriarchal geprägten Lebensformen entdecken, die aus vorgeschichtlichen Funden und aus Mythen zu erschließen und bei einigen Populationen bis vor kurzem noch zu studieren waren – Lebensformen, die Matrilokalität, Matrilinearität, Matrifokalität kannten, die friedfertiger gewesen sein sollen als die

---

[3] Matriarchat (matriarchal): Gesellschaftsordnung, in der Frauen die bevorzugte Stellung im familiären, öffentlichen, religiös-kultischen Leben innehaben; Matrilokalität bedeutet: Frauen sind Inhaberinnen von Haus und Hof, vererben diese in der weiblichen Linie, Männer übersiedeln aus ihrer Ursprungsfamilie zur Frau; Matrilinearität: Erbfolge und Namensgebung folgen der mütterlichen Linie; Matrifokalität: Lebensform, in der Frauen nicht am Rande, sondern im ‚Brennpunkt‘, im Mittelpunkt des Lebens stehen.

Gesellschaften, die sich nach dem patriarchalen Umbruch etablierten. Dieser Umbruch wird auf vor 6000 bis 4000 Jahre angesetzt. Wie sich das Leben für Frauen in den dann sich herausbildenden Hochkulturen gestaltete, in Alt-Ägypten, in Mesopotamien, aber auch im Alten China oder in der frühen Indus-Kultur, später dann im Perserreich, im klassischen Griechenland, im alten republikanischen Rom sowie dem Rom der Kaiserzeit – oder auch bei unseren germanischen und keltischen Vorfahren – da wären Fachfrauen zu befragen. Aus der hebräischen Bibel läßt sich vorsichtig erschließen, welchen Anteil Frauen am Leben und Glauben Israels hatten – oder auch nicht! Frauen heute, zumal feministische Theologinnen, gehen mit frauenspezifischen Fragestellungen ans Alte und Neue Testament heran sowie an Dokumente der nachbiblischen Zeit. Wie haben Frauen gelebt, sowohl im nachbiblischen Judentum wie im Christentum?

Christlicher Liebes-Patriarchalismus – ausgehend von der Ermahnung in Eph 5, 25 „Ihr Männer, liebt eure Frauen ...“ – ist ein Stichwort, das andeutet: Bislang hat das Christentum den Patriarchalismus nicht überwunden, höchstens abgemildert, besonders im privat-familiären Raum, kaum in der Öffentlichkeit ...

Brechen wir diesen Über-Flug über die Geschichte, diese Vogel-Perspektive der Geschichte ab, kehren wir in die Gegenwart zurück.

Wir könnten auf unserem Denkspaziergang noch manche Begegnungen haben, zum Beispiel mit einer 17jährigen, aber auch einer 70jährigen Jemand, die auf jedem abendlichen Nachhauseweg vor möglicher Vergewaltigung oder brutaler Beraubung zittern. Oder mit einer anderen 17jährigen Jemand, die vergeblich einen Ausbildungsplatz als Kfz-Mechanikerin sucht, weil ihr gerade das Spaß machen würde und nicht Friseuse oder Kinderpflegerin. Mit der 27jährigen, eben promovierten Jung-Medizinerin, der schon der dritte Klinikchef abgewunken hat: „Eine Frau im gebärfähigen Alter ist ein zu großes Risiko." Mit der 37jährigen Jemand, die nach der fünften handgreiflichen Auseinandersetzung mit ihrem Mann endlich mit und trotz ihren drei Kindern im Frauenhaus Zuflucht gesucht hat und nun die Angst verlernen muß, eine „alleinerziehende Mutter" zu sein. Mit der 47jährigen Geschiedenen, deren Mann nach 22jähriger Ehe mit einer jüngeren Partnerin noch einmal „ein neues Leben anfangen" wollte und die nun fragt: „Wer bin ich eigentlich?" Mit der 57jährigen unverheirateten Sachbearbeiterin, deren Firma schließen mußte und der das Arbeitsamt keine Aussicht auf einen neuen Arbeitsplatz ermöglichen konnte. Mit der 67jährigen Witwe, deren Lebenssinn mit ihrem Mann ins Grab sank und die obendrein nicht weiß, ob und wie sie mit der Witwenrente die geliebte gemeinsame Wohnung halten kann. Mit der 77jährigen Rentnerin, die zwölf Jahre lang ihren Mann gepflegt hat und – nun selbst pflegebedürftig – für einen Heimplatz ihre Rente und die paar Sparpfennige aus der Hand geben mußte und ein Taschengeld „zugeteilt" bekommt, was sie nach einem Leben der Arbeit und Sorge als erniedrigend empfindet ... „Frau müßte MANN sein."

Ist dieser Satz nicht eine Ungeheuerlichkeit? fragten wir zu Beginn. Als Gott den Menschen schuf, „nach seinem Bilde", wie es heißt, schuf er ihn „als Mann und Frau" und fügte hinzu, daß es „sehr gut" war (vgl. Gen 1, 27. 31). Das, was also nicht gut ist, muß eine Folge dessen sein, was wir „den Sündenfall" nennen. Eine der schwerwiegendsten Folgen ist wohl das nicht mehr im Lot befindliche Verhältnis der Geschlechter. So gut wie alles, was uns auf unserem kurzen Denkspaziergang begegnet ist, betrifft das menschliche Zusammenleben, ist Folge gesellschaftlicher Entwicklungen, menschlicher Setzungen und Satzungen, Rollenverteilungen, Machtverteilungen. Sie müssen, von Gott her gesehen, nicht so sein, dürften gar nicht so sein. Wie vieles ist als „naturgegeben", als „gottgewollt" hingestellt worden!

Setzen wir doch der „Ungeheuerlichkeit" des obigen Satzes einmal die Formulierungen entgegen: „Frau müßte Frau sein (dürfen)“ und sich daran uneingeschränkt freuen können, weil ihr Frausein sie nicht hindert an der vollen Entfaltung aller Anlagen, die Anteilnahme am gesellschaftlichen Leben nicht beeinträchtigt. Die Entscheidungen, die im Großen und im Kleinen das menschliche Miteinander bestimmen, würden gleichermaßen von Männern und Frauen getroffen und getragen. Eine Utopie? Im Vergleich mit früheren Abschnitten der Geschichte ist schon manches in Bewegung gebracht und erreicht worden, wobei es stets auch gegen- und rückläufige Bewegungen gab und gibt.

Unser Denkspaziergang wollte nicht mehr, als Sie, liebe Leserinnen und Leser, ein bißchen sensibel machen für das, was um Sie herum vorgeht. Er möchte Sie neugierig machen auf dieses Buch und möchte Ihnen Mut machen, sich selbst dafür zu engagieren, daß Frauen all ihre Anlagen voll zur Entfaltung bringen können und daß Männer diese Entwicklung ohne Angst mittragen, weil die Einsicht bei ihnen wächst, daß so auch ihr Leben von Einseitigkeiten befreit und bereichert wird. Christen dürfen sich vom Verhalten des Mannes Jesus von Nazareth gegenüber Frauen ermutigt und herausgefordert fühlen.

1. Kapitel

Frauenbewegung – Feminismus – Feministische Theologie: Wie hängt das zusammen?

Eine erste Annäherung – Herkunft, Strömungen, Ziele

Feministische Theologie – ist das eine radikale Herausforderung? Ist es Anpassung an den ‚Zeitgeist'? Ist es gesellschaftsbedingte Neuorientierung? Ist es der Traum von einer neuen Spiritualität, die gleichwohl auf die Bibel zurückgreift? – Seit Elisabeth Moltmann-Wendel erstmals 1974 in dem Buch „Menschenrechte für die Frau" (vgl. Literaturbericht 2) mit Texten feministischer Theologie aus den USA bekannt machte, ist dieser Begriff zu einem ‚Reizwort' geworden: Belastet von Vorurteilen, versehen mit verschwommenen Bedeutungen, fehlinterpretiert von vielen, die bereits die Verknüpfung von ‚feministisch' und ‚Theologie', also ‚Rede von Gott', kritisieren. Andererseits ist zu beobachten, daß immer mehr Frauen, auch in kirchlichen Basisgruppen, sich auf Spurensuche nach weiblichen Identifikationsmöglichkeiten im religiösen Bereich begeben und bereichernde religiöse Erfahrungen machen – ganz im Sinne der in der Pfingstpredigt des Petrus (vgl. Apg 2, 14ff.) aufgenommenen Joël-Prophetie: „Eure Söhne und Töchter werden Propheten sein" (Joël 3, 1), hoffend auf eine ‚geschwisterliche Kirche' in nicht mehr ferner Zukunft!

*

Fast zweitausend Jahre ist das Christentum alt, und es hat sich über die ganze Welt ausgebreitet, wenn auch in unterschiedlicher Dichte und Zeitfolge. Welches Frauenbild hat es entwickelt? Wie hat es die Beziehungen von Mann und Frau gesehen und beeinflußt? Sind das christliche Menschenbild und das auf ihm ruhende Geschlechterverhältnis zu allen Zeiten gleich gewesen und gleich geblieben? Und das überall, wo das Christentum prägende Religion wurde? Die folgenden Überlegungen beschränken sich auf unseren eigenen Raum, die hochentwickelten westlichen Gesellschaften. Was nicht heißt, daß Frauenfrage und feministische Theologie nicht auch unter anderen kulturell-zivilisatorischen Bedingungen wichtig wären.

Die mitteleuropäisch-nordamerikanischen Gesellschaften sind hinsichtlich des Verhältnisses der Geschlechter seit etwa den späten sechziger Jahren wesentlich geprägt von der „zweiten Frauenbewegung", die auch als „Feminismus"[1] bezeichnet wird[2]. Die erste Frauenbewegung ist mit Vorläufern etwa anzusetzen von der Französischen Revolution bis zum Ende des Zweiten Weltkriegs – war jedoch in Deutschland in ihrer Entwicklung durch die Zeit des Nationalsozialismus gehemmt beziehungsweise unterbrochen. Sie hatte als wesentliches Ziel die rechtliche Gleichstellung der Frau: Recht auf Bildung und Ausbildung einschließlich Universitätsstudien, auf frei gewählte berufliche Tätigkeit, auf gleichen Lohn für gleiche Arbeit, Gleichberechtigung in der Ehe, aktives und passives Wahlrecht, Zugang zu politischen Ämtern.

Was die Bundesrepublik Deutschland angeht, so kam dieser Prozeß zu einem gewissen Abschluß durch das Grundgesetz von 1949, das im Artikel 3 formuliert: „(2) Männer und Frauen sind gleichberechtigt. (3) Niemand darf wegen seines

[1] Feminismus (von lat. femina, die Frau): Richtung der Frauenbewegung, die, ausgehend von den Bedürfnissen der Frauen, eine Veränderung der gesellschaftlichen Rollenverteilung, Normsetzung, Sprachmuster, letztlich eine Überwindung der patriarchalischen Kultur anstrebt.

[2] Im „Frauenlexikon" (vgl. Literaturbericht 3) ist unter den Stichworten ‚Frauenbewegung', ‚Frauenforschung', ‚Frauengeschichte' detailliert darüber nachzulesen und einschlägige Literatur angeführt.

Geschlechts ... benachteiligt oder bevorzugt werden." Entgegenstehendes Recht mußte bis 31. März 1953 diesen Vorschriften angepaßt werden. So zumindest die Gesetzeslage, der die Praxis noch immer nicht voll entspricht. Aber die Weichen waren und sind gestellt, und ‚man', besser ‚frau', kann sich darauf berufen und ihre Rechte einklagen. Wenn auch manches noch aussteht, so ist doch vieles, besonders im Bildungsbereich, längst selbstverständliche Lebensrealität geworden. Die jüngere Generation kann sich kaum vorstellen, daß es je einmal anders war.

Die von Generationen meist als „Blaustrümpfe" lächerlich gemachter, als „Suffragetten"[3] beschimpfter Frauen mühevoll erkämpfte Gleichberechtigung lief jedoch weitgehend darauf hinaus, daß Frauen sich männlichen Vorstellungen, Denkmustern und Normen anpassen, es dem Mann gleichtun mußten – zum Beispiel in den Bildungseinrichtungen, in der beruflichen Leistung, im politischen Kräftespiel. Außerdem hatten Frauen eine gehobene Berufstätigkeit – etwa als Lehrerin – noch in der ersten Hälfte unseres Jahrhunderts mit Ehelosigkeit zu bezahlen; bei Eheschließung mußten sie ihren Beruf aufgeben.

Die „zweite Frauenbewegung", in der wir noch mitten drinstecken, baut auf der ersten auf und weiter. Es geht ihr aber darüber hinaus darum, daß Frauen *als Frauen* volle und gleichwertige, auch gleichberechtigte Menschen sind und sein dürfen. Nicht mehr der Mann soll alleinige Norm des Mensch-Seins sein, sondern Frauen wollen in je ihrer eigenen Art und um ihrer selbst willen geschätzt werden. Weibliches Mensch-Sein soll vollwertig und gleichwertig neben männlichem Mensch-Sein stehen. Frauen wollen unableitbar in sich stehen, wollen als ganze Menschen anerkannt sein *ohne* von

---

[3] Suffragette: (englische) Frauenrechtlerin, die für die politisch-gesellschaftliche Gleichberechtigung der Frau eintritt; wurde (und wird gelegentlich noch) als Schimpf- und Spottwort gebraucht.

außen festgelegte Eigenschaften und *ohne* von der (männlich dominierten) Gesellschaft festgeschriebene Rollen. Erst wenn Männer erkennen, daß diese Art von Mensch-Sein auch sie selbst von einseitigen Zwängen und Rollenbildern befreit, daß es auch sie bereichert, wenn sie ihre individuellen Anlagen und die weiblichen Anteile ihrer Psyche zulassen und entfalten dürfen, so wie Frauen das in ihnen je verschieden und unterschiedlich stark angelegte Männliche – erst wenn diese psychische Integration gelänge, und gesellschaftliche Folgen ergäbe, erst dann würden die Ziele des Feminismus sich erfüllen und dieser als Bewegung überflüssig werden.

Was hat dies mit dem christlichen Frauenbild zu tun?

Mehreres ist zu nennen. Einmal die schlichte Tatsache, daß Christen als reale Menschen immer unter den je gegebenen gesellschaftlichen Bedingungen leben und handeln. Zum anderen, daß diese Bedingungen wiederum gestaltet werden von Menschen, die auch nicht zum geringsten durch ihre religiösen Überzeugungen und Wertvorstellungen geprägt sind. Das heißt, es bestehen Wechselwirkungen, wenn auch in einer gewissen zeitlichen Verschiebung. Denn die Veränderungen gehen häufig zuerst in Kopf und Herz der Menschen vor (zum Beispiel die Aufklärung des 18. Jahrhunderts) und schlagen sich erst nach und nach in den Rahmenbedingungen des gesellschaftlichen Lebens nieder, gerinnen zu ‚Gesetzen', die wiederum auf Denken und Verhalten der Menschen zurückwirken. Oftmals lösen jedoch auch veränderte Lebenssituationen wie Industrialisierung oder Verstädterung emanzipatorische Bestrebungen aus. Bei all diesen Prozessen spielen auch andere Faktoren als die religiös-weltanschaulichen eine Rolle, zum Beispiel wirtschaftliche, oder die Notwendigkeit einer hohen oder niedrigen Geburtenrate.

Es ist sicher nicht von ungefähr, daß die oben geschilderten Bewegungen zur Verbesserung der Stellung der Frau in einem kulturellen Raum entstanden sind und auch bereits zu unübersehbaren Veränderungen geführt haben, der seit langem vom Christentum geprägt war. Ähnlich wie es nicht von ungefähr ist, daß die modernen Freiheitsbewegungen mit der Formulierung der Menschenrechte, gipfelnd in der amerikanischen Unabhängigkeitserklärung und den Idealen der Französischen Revolution, in eben diesem Raum sich formulierten. An der Parole „Freiheit – Gleichheit – Brüderlichkeit" haben zwar die Kirchen jener Zeit nicht mitformuliert – die Begriffe und Ideale selbst jedoch sind vom Gedankengut der jüdisch-christlichen Offenbarung gespeist. Ebenso sind die Grundforderungen der Frauenbewegung – auch wenn viele ihrer Vertreterinnen gar nicht so argumentieren – ein Ausfluß des aus der Bibel abzuleitenden Menschenbildes.

Dieser kurze Blick auf die allgemeine Entwicklung war und ist notwendig, um das zu verstehen, was mit ‚feministischer Theologie' bezeichnet wird. Sie ist mit der säkularen (weltlichen) Frauenbewegung aufs engste verflochten. Es waren kirchliche Frauenverbände, die zuerst zaghaft, in den letzten Jahrzehnten jedoch immer wagemutiger (wenn auch nicht überall bis zur Basis der Gemeinden wirksam), eine wichtige Vermittlerrolle gespielt haben und weiter spielen: Durch sie ist das, was die allgemeine Frauenbewegung anstrebte und erreichte, auch in den kirchlichen Raum hineingetragen worden, dort diskutiert, gelegentlich auf dem Hintergrund christlicher Wertmaßstäbe korrigiert und wieder in die Gesamtgesellschaft zurückgespiegelt worden.

Auch die feministische Theologie wird, wenigstens anfanghaft und versuchsweise, durch konfessionelle Frauenverbände und Gruppen an einen breiteren Kreis kirchlich gebundener und interessierter Frauen vermittelt. In Basisgruppen kann und soll erprobt werden, wie weit die Forschungsergebnisse und Denkwege feministischer Theologie von Frauen in den Gemeinden aufgenommen werden und diesen helfen, als Frauen zu glauben und sich vollwertig im kirchlichen Leben einzubringen. Feministische Theologie will nämlich nicht ausschließlich eine wissenschaftliche Theologie sein, sondern als Theologie *von* Frauen auch wirklich eine Theologie *für* Frauen sein. Sie ist von vornherein erfahrungsorientiert, ja nimmt Erfahrung, Frauenerfahrung, in ihren Wissenschaftsbegriff auf, ist bestrebt, ‚Herrschaftswissen', das immer eine unterdrückerische Funktion hat, abzubauen. Um feministisch-theologisch denken und handeln zu können, muß ‚frau' nicht unbedingt auf der Universität Theologie studiert haben; es gibt auch sogenannte ‚Barfußtheologinnen'!

Eine Grundvoraussetzung für feministisches Denken und für feministische Theologie allerdings ist ein Prozeß des Bewußtwerdens: Sich bewußt werden, daß Frauen seit Jahrtausenden in den Gesellschaftsstrukturen und Gesellschaftssystemen, auch den religiösen, benachteiligt, zurückgesetzt, unterdrückt, jedenfalls nicht vollwertig und gleichwertig sind. Ganz unabhängig von den individuellen Anlagen und Begabungen kommt jeder männliche Mensch mit einem Vorsprung auf die Welt, besser: wird von unserer Welt mit einem Vorsprung empfangen, der ihn im Prinzip in die Lage versetzt, mehr als jeder weibliche Mensch auf die Gestaltung der Welt und der Lebensbedingungen auf der Welt Einfluß zu nehmen. Seit Jahrtausenden, ja so weit wir geschriebene Zeugnisse der Geschichte besitzen, liegt die Weltgestaltung, auch das Denken über Welt und Leben, fast ausschließlich bei den Männern – Frauen blieben auf den häuslichen Bereich beschränkt, wurden ausgegrenzt. Feministische Theologie fragt, ob das wirklich Gottes Wille sein kann.

Die Vorrangstellung des Männlichen zeigt sich auch unübersehbar und unüberhörbar in der Sprache. Das wird uns im nächsten Kapitel beschäftigen. Zunächst sei nur noch auf den sowohl weltweiten wie ökumenischen Charakter der feministischen Theologie hingewiesen. Sexismus, das heißt die Benachteiligung eines Geschlechts durch das andere, ist eine weltweite Erscheinung. Unterschiedlich ist lediglich der Bewußtseinsstand in den verschiedenen Ländern und Kulturen sowie der Wille und die Möglichkeiten zur Veränderung. – Auch die konfessionelle Herkunft spielt bei der feministischen Theologie keine große Rolle: die Grundsituation der Frauen, der Stellenwert des Weiblichen ist in den verschiedenen christlichen Konfessionen ähnlich, die Fragen sind trotz verschiedener Ausgangssituationen weitgehend die gleichen. Auch im Judentum gibt es inzwischen feministische Theologinnen, und das Gespräch mit ihnen ist außerordentlich wichtig und fruchtbar (mehr dazu im 12. Kapitel). Allerdings darf nicht übersehen und überspielt werden, daß die rechtliche (Un-)Gleichstellung, die faktische (Un-)Gleichwertigkeit bezüglich der Übernahme von Verantwortung und Mitwirkung in den verschiedenen christlichen Kirchen doch unterschiedlich sind; unterschiedlich von daher auch der Bewußtseinsstand. Da aber weibliches Denken weniger vom ‚Entweder/Oder', sondern mehr vom ‚Sowohl-als-auch' geprägt ist, steht anstelle von recht-Haben und Im-Besitz-der-Wahrheit-Sein der bereichernde Austausch der verschiedenen Traditionen.

Feministische Theologie ist vor allem kein einheitlicher Komplex, kein geschlossenes System, sondern ein offener Prozeß, ein Sich-auf-den-Weg-Machen. Wohl gibt es inzwischen sehr vielfältige Wege, aber man kann doch von zwei Hauptströmungen sprechen. Einmal jene Theologinnen, die glauben und hoffen, es werde möglich sein, *innerhalb* der jüdisch-christlichen Tradition den Frauen volle Befreiung und ‚Mensch-Werdung' zu ermöglichen, und jene, die diese Hoffnung nicht (oder nicht mehr) haben und deshalb nach einer außer- oder nachchristlichen spezifisch weiblichen Spiritualität und Lebensform suchen. Wenn es auch hier ‚Blicke über den Zaun' und Austausch gibt, so beschränken sich die hier vorgelegten Überlegungen auf die erstgenannte Richtung, deren Zielvorstellung eine geschwisterliche Kirche ist.

Thematisch arbeiten feministische Theologinnen grundsätzlich in allen theologischen Sparten und Disziplinen –

wenn auch bislang gewisse Schwerpunkte wie Gottesbild, Frauengestalten und Frauengeschichten im Alten und Neuen Testament sowie der Kirchen- und Heiligengeschichte, Wirkungsgeschichte von Texten und ihrer Auslegung u. ä. im Vordergrund des Interesses standen. Feministischen Theologinnen geht es darum, einerseits aus eigener Betroffenheit neue Fragen zu stellen, andererseits die alten Fragen und Inhalte mit alternativen Forschungsmethoden, anderen ‚hermeneutischen Schlüsseln' (vgl. Literaturbericht 2a), veränderten Sprachstilen zu bearbeiten. Ziel wäre, daß feministische Theologie – analog der Befreiungstheologie – die gesamte Theologie aus ihrer Sicht sozusagen ‚neu', ‚anders' schriebe. Feministische Theologie ist kein zusätzliches Fach am Rand des herkömmlichen theologischen Wissenschaftsbetriebes, sondern eine andere Art, eine ganzheitliche Weise, Theologie zu betreiben, vom Göttlichen zu sprechen, Menschen umfassenden Lebenssinn zu erschließen.

Der einleitende Abschnitt dieses Kapitels auf Seite 22 ist in Anlehnung an die redaktionelle Einführung der Serie in FRAU UND MUTTER 1/1989 entstanden.

2. Kapitel

Immer nur „mitgemeint"?

Zum Problem einer frauengerechten Sprache

Im vorhergehenden Kapitel stand der Satz: „Die Vorrangstellung des Männlichen zeigt sich auch unübersehbar und unüberhörbar in der Sprache." Wir wollen das ein wenig näher untersuchen.

Ich blättere im GOTTESLOB: „... als Gottes SÖHNE wirket seinen Frieden, ... als Jesu JÜNGER seid ihr nun gesendet ... stärket eure BRÜDER ... Ihr wart einst KNECHTE, er macht euch zu SÖHNEN; ihr wart einst SKLAVEN, er macht euch zu FREUNDEN ..." – Zeilen aus einem Lied (GL 160), dessen Text erst 1971 entstand! Die Beispiele lassen sich vermehren. Da singt eine Kirche voller Frauen „... O laß mich heimwärts finden / wie den verlornen SOHN ... und führe zu den BRÜDERN / mich aus dem Elend heim" (GL 169). „... und im Frieden als BRÜDER uns finden" (GL 248) – Text von einer Frau, 1972! Selten ist eine Strophe wie „Ihr Männer und FRAUEN, ihr Kinder und Greise, ihr Kleinen und Großen, einfältig und weise ..." (GL 259, 5. Strophe, von der gleichen Autorin) oder der Ausdruck „... annahm an KINDES Statt ..." (GL 260, 4. Strophe). Wie häufig wird zum Beispiel zur Gabenbereitung gesungen: „... nimm uns als Christi BRÜDER mit ihm zum Opfer an ..." (GL 480, 2. Strophe, geschrieben 1945 von einer Frau) oder zur Danksagung: „... daß wir gehn ... in BRÜDERLICHER Treue ..." (GL 494); ... laß mich unter deinen SÖHNEN leben ..." (GL 621); „... denn Gott will uns nur als BRUDER ..." (GL 624); „wir sind ... alle BRÜDER ..." (GL 634); „... sein FREUND und

Jünger darf ich sein ..." (GL 635); „Laßt uns loben, Brüder, loben ..." (GL 637); „Er lasse uns wie Brüder sein ..." (GL 638): „Wir sind einander Brüder ..." (GL 640) – – –

Ich möchte hier abbrechen – Sie können die Suche selbst weiterführen. Und auch darauf achten, wie fast alles in der männlichen Sprachform ausgedrückt ist. Vielleicht sagen Sie: „Das stört mich nicht, ich bin es so gewohnt, ich fühle mich da angesprochen, mitgemeint, unsere Sprache ist halt so."

Trotzdem fragen seit einiger Zeit immer mehr Frauen: „Hat Gott nur Söhne? Hatte Jesus nur Jünger? Gibt es in der christlichen Gemeinde nur Brüder? Kennt die jüdisch-christliche Überlieferung nur Väter des Glaubens? Und die Kirche nur Männer in Amt und Leitungsfunktion – und als besondere christliche Tugend die Brüderlichkeit?" Wohlwollende Männer sagen dann oft eilfertig „Aber ihr seid doch mitgemeint" – wenn von Vätern, Söhnen, Jüngern, Brüdern, von Brüderlichkeit die Rede ist. Allerdings können immer mehr wach gewordene Frauen das ‚Mit-gemeint' nicht mehr gut hören. Ihnen ist bewußt geworden, daß in der jüdisch-christlichen Tradition seit rund dreitausend Jahren Theologie, also ‚Rede von Gott', so gut wie ausschließlich von Männern betrieben wurde. So sind Frauen auch sprachlich unsichtbar und unhörbar geworden und geblieben. Wer spricht schon von den ‚Müttern des Glaubens' – auch wenn überwiegend die Mütter es waren und sind, die der jeweils nächsten Generation den Glauben weitervermitteln – heute sogar als ‚Tischmütter' bei der Sakramentenvorbereitung – welcher Mann beteiligt sich schon daran? Wann werden die ‚Töchter Gottes' erwähnt, wenngleich zum Beispiel die Zahl der weiblichen Ordensangehörigen die der männlichen weitaus übertrifft? Von den ‚Brüdern' und der ‚Brüderlichkeit' ist viel zu hören in den christlichen Gemeinden; weit weniger häufig ist die Rede von den ‚Schwestern' und der ‚Schwesterlichkeit', auch wenn es vornehmlich Frauen sind, die das Leben der Gemeinden aufrecht erhalten, die vielen unscheinbaren, aber notwendigen Dienste tun (bei den sogenannten wichtigen, leitenden sind sie nämlich nicht mitgemeint!). Auch mit dem Ausdruck ‚Geschwisterlichkeit', der beide Geschlechter einschließen würde, tun sich die meisten noch schwer ...

Manche meinen, das sei doch nicht so wichtig, und vor zwanzig Jahren habe ich selbst auch noch so gedacht. Inzwischen ist mir aber doch mit vielen anderen Frauen, die mir geholfen haben, hellhörig zu werden, bewußt geworden, daß Sprache nicht nur Realität widerspiegelt, sondern selbst eine Realität ist und Realität schafft. Marga Bührig, eine Schweizer evangelische Theologin des Jahrgangs 1915, bekannt von ihrer Mitarbeit im Weltrat der Kirchen, sagte in Gast-Vorlesungen an der Katholisch-Theologischen Fakultät in Luzern 1986 zu diesem Thema: „Ich bin davon überzeugt, daß unsere Sprache viel mehr als uns lieb ist von unseren wirklichen Wertvorstellungen und von den festgefügten gesellschaftlichen und kirchlichen Strukturen verrät. Viele Frauen sind heute hellhörig geworden, viele von uns haben aber auch festgestellt, wie lange wir selbst uns an diesen Ausdrücken überhaupt nicht gestoßen haben, ja wie wir sie selbst gebraucht haben. Ich habe im Zusammenhang mit einem Buch, das ich schreibe, viele alte Texte von mir selbst durchgelesen und festgestellt, daß ich ganz genauso geredet und erst in den letzten Jahren angefangen habe umzulernen. Auch wir Frauen sind in einer androzentrischen Denkweise sozialisiert worden ... Dieses Faktum ... darf meiner Meinung nach nicht verharmlost werden, sondern muß eben zur Grundlage, zum Ausgangspunkt alles weiteren gemacht werden. Wenn wir zu rasch davon absehen und darüber hinweggehen, können wir zwar sehr schöne Theorien über das Wesen oder die Gaben oder den Dienst der Frau produzieren, doch diese stehen sozusagen im luftleeren Raum, haben keine Beziehung zur Realität." (Zitiert nach dem empfehlenswerten Buch „Die unsichtbare Frau und der Gott der Väter – Eine Einführung in die feministische Theologie“ von Marga Bührig, vgl. Literaturbericht 2).

In der Vorbereitungsphase auf den Evangelischen Kirchentag 1987 in Frankfurt beschäftigte sich eine kleine Gruppe von vier Frauen und drei Männern, evangelisch und katholisch, mit dieser Thematik: „Wir entschieden uns für den Begriff ‚frauengerechte Sprache‘. Dabei liegt uns vor allem an dem Wortbestandteil ‚-gerecht‘. Alle Menschen haben ein Recht darauf, in Gesetzen und Stellenbeschreibungen, in Schulbüchern und Kirchenliedern, in der Alltagssprache und im Gottesdienst gleichberechtigt genannt, angesprochen, berücksichtigt zu werden. Wer will, der oder die mag das einfach ‚gerechte‘ oder ‚menschengerechte‘ Sprache nennen. Aber die allgemeine Forderung nach Gerechtigkeit für alle bleibt unverbindlich und läßt offen, was für eine Gerechtigkeit gemeint ist und wo das Bemühen um Gerechtigkeit ansetzen muß. Uns liegt deshalb auch an dem Bestandteil ‚*frauen*-gerecht‘. Aus mehreren Gründen. Die Frauen sind nicht eine Minderheit neben anderen, denen in unserer Gesellschaft Gerechtigkeit vorenthalten wird. Sie machen die größere Hälfte der Bevölkerung und erst recht der Kirche aus. Die Forderung nach einer frauengerechten Sprache betrifft alle, gerade auch die Männer. Wenn Frauen und Männer hier sensibilisiert werden, wenn es allmählich zu einer sprachlichen Gleichbehandlung von Frauen und Männern kommt, dann werden auch andere diskriminierte Gruppen (vor allem die doppelt benachteiligten Frauen unter ihnen) sprachlich zu ihrem Recht kommen ... Es ist die Frauenbewegung gewesen, durch die wir auf den Zusammenhang von Sprache und Herrschaft, Sprache und Diskriminierung wirklich aufmerksam geworden sind. In eigener Betroffenheit haben wir die sprachlichen Mechanismen von Verschweigen, Ausschließen und Herabsetzen erfahren und unsere eigenen sexistischen Einstellungen und Vorurteile begriffen und in Angriff genommen. Wir meinen, daß auch andere, Frauen wie Männer, bewußter und gerechter sprechen lernen können, wenn sie Sprache aus der Sicht von Frauen sehen ... Die Aufspaltung in ‚männlich' und ‚weiblich' und die Überordnung der männlichen Formen als der grammatischen Norm durchzieht unsere Sprache in jedem einzelnen Satz und spiegelt bis in die Grammatik hinein die Vorherrschaft des Männlichen in der Gesellschaft. Die männlichen Sprachelemente bezeichnen dabei sowohl den geschlechtsübergreifenden Oberbegriff als auch das speziell Männliche, während die weiblichen Sprachformen immer das Spezielle, das Abgeleitete, das Umständlich-extra-zu-Benennende darstellen. *Der* Mensch, *der* Staatsbürger, *der* Lehrling, damit sind vermutlich Männer und Frauen gemeint, aber im Zweifelsfall, wenn es konkret und politisch wird, eben doch eher Männer. Wer ausreichend Lehrstellen für Mädchen, ein eigenständiges Aufenthaltsrecht für Ausländerinnen oder gezielte Entwicklungsförderung für Frauen will, muß das eigens dazu sagen, sonst ändert sich nichts oder wenig für Frauen.

Daß Frauen als das Abgeleitete, das Zweitrangige gelten, haben Frauen und Männer tief verinnerlicht. Sie haben es mit der Sprache gelernt, zusammen mit ihren ersten zwischenmenschlichen Erfahrungen. Kleine Mädchen und Jungen wissen sehr schnell, daß der–die–das der Rangfolge Vater–Mutter–Kind entspricht, daß Brüderchen allemal vor Schwesterchen rangiert, daß *der* Lausbub liebenswerter als *die* Heulsuse ist. Und wenn Kinder das System der–die–das erst einmal begriffen haben, wenden sie es auch konsequent an, dann ist ein Schneemann mit einem Kopftuch eine Schneefrau, dann ist der Teddy ein Junge und die Puppe ein Mädchen (und der liebe Gott natürlich ein Mann)."

Wenn Frauen von Kindesbeinen an durch die Sprache ‚gelernt' haben, „daß sie Nicht-Männer sind", so ist der enge Zusammenhang von Sprache und Selbstbewußtsein einsichtig: „Die tiefe Verankerung sprachlicher Strukturen in unserem Denken und Fühlen bedeutet andererseits, daß bewußtes

Sprechen und kritisches Analysieren von Sprache nicht auf der Oberfläche bleibt, sondern auf die Dauer das Selbstbewußtsein der Sprechenden verändern und sogar zu gesellschaftlichen Veränderungen beitragen kann. Männer lernen so, das Vorhandensein und die Leistung von Frauen zu entdecken und zu achten, und Frauen entwickeln den Mut, die Gestaltung von Kirche und Gesellschaft nicht den Männern zu überlassen, sondern sich mit ihnen zusammen für mehr Gerechtigkeit einzusetzen."[1]

Da Sprache Verständigungsmittel unter Menschen ist, kann und darf Bewußtseinsänderung nicht bei der/dem einzelnen stehenbleiben. Frauengerechtes Sprechen ist eine Aufgabe christlicher Gemeinden. Der Anstoß dazu kann von Frauengruppen ausgehen. Sie können beim Pfarrgemeinderat, beim Presbyterium, bei den Seelsorgern, bei der Liturgiegruppe ihre Erwartung auf eine frauengerechte Sprache anmelden und ihre Mitarbeit anbieten – etwa bei der Auswahl des Liedgutes, bei den Lesungen neutestamentlicher Briefe das paulinische „Brüder" stets durch „Brüder und Schwestern", wechselweise „Schwestern und Brüder" zu ersetzen (in der Paulus-Zeit waren die weiblichen Gemeindemitglieder immer ‚mitgemeint'; damals erregte es, zumindest soweit wir wissen, keinen Anstoß, aber heute haben wir – ähnlich wie in der Sklavenfrage – einen anderen Bewußtseinsstand).

Wenn Sie einmal Ihr anfängliches Unbehagen bei dem Thema ‚Sprachliche Diskriminierung von Frauen' überwinden, dann werden Sie bald erfahren: einerseits ist es mühselig, sich bestimmte Redeweisen ab- oder anzugewöhnen, anderseits werden wir belohnt durch ein reicheres, volleres Verständnis dessen, was wir sind, was Gott mit uns Menschen gemeint hat – auch mit der weiblichen Hälfte der Menschheit.

---

[1] Zitate aus der leider vergriffenen Dokumentation „Gerechte Sprache in Gottesdienst und Kirche", herausgegeben von Hanne Köhler und Hildburg Wegener, Evangelische Frauenarbeit in Deutschland.

Zur Problematik frauengerechter, ‚inklusiver' (einschließender) Sprache wäre noch vieles zu sagen, was in diesem Rahmen nur angedeutet werden kann: Nicht nur Wort- und Satzbildungen, Sprichwörter und Witze können sexistisch[2] sein, sondern auch das Gesprächsverhalten als solches: Da ist zum Beispiel zu denken an die ‚Einbahnstraße' des ‚Anpredigens', an das Indoktrinieren bei Wahl- und Werbeslogans anstelle von Wahrheitsfindung im Dialog ... Zu einer nichtsexistischen Sprachkultur gehört vor allem auch das Schweigen ...

---

[2] Sexismus, sexistisch: Einstellung, einen Menschen oder eine Menschengruppe allein aufgrund seines/ihres Geschlechts zu benachteiligen; insbesondere diskriminierendes Verhalten gegenüber Frauen.

3. Kapitel

Brot oder Stein

Die Bibel – ein patriarchales Buch?

In den zurückliegenden Jahren ist immer stärker in den Blick gekommen, daß auch die Bibel in patriarchaler Zeit und Umwelt entstanden ist. Das will sagen: Sie ist von Männern verfaßt worden, sieht alles aus männlichem Blickwinkel, benutzt männliche Sprachmuster, geht ganz selbstverständlich von Lebensordnungen aus, die patriarchal geprägt sind. So ist es nicht verwunderlich, daß ‚man' sich auch Gott überwiegend männlich vorstellte. (Auf das biblische Gottesbild wird das nächste Kapitel näher eingehen.)

Es gibt deshalb Feministinnen, die sich von der Bibel als einem „patriarchalen Dokument" losgesagt haben. Sie werfen der Bibel und der auf ihr beruhenden jüdisch-christlichen Tradition vor, über Jahrtausende hin zur Minderbewertung und Unterdrückung des weiblichen Geschlechts beigetragen zu haben.

Wie sehen das Frauen, die einerseits an der jüdisch-christlichen Offenbarungstradition und an der Beheimatung in ihren Kirchen festhalten möchten, andererseits aber an der Befreiung und Gleichbewertung von Frauen im gesellschaftlichen und religiös-kirchlichen Bereich mitarbeiten wollen?

Da Altes und Neues Testament die Ur-Kunde unseres Glaubens sind, ist diese Frage von höchster Wichtigkeit. Mit dieser Fragestellung begeben wir uns in ein Spannungsverhältnis und müssen den Mut aufbringen, die Spannung zwischen zwei Polen auszuhalten: Wer sensibel geworden ist, spürt Zeile für Zeile und Kapitel für Kapitel den patriarchalen, den androzentrischen Hintergrund fast aller biblischen Schriften (vielleicht ausgenommen das Hohelied – vgl. Exkurs 3) – und weiß sich doch gleichzeitig im Glauben in diesen Schriften von Gott angesprochen. Von einer Gottheit, die sich den Menschen liebend zuwendete, ihre Befreiung aus Ängsten und Abhängigkeiten, ihre Erlösung aus Verstrikkung ins Böse in Gang bringen, Leben in umfassendem Sinn schenken und ermöglichen wollte und will. Dürfen Frauen, die der Bibel folgen, das auch ganz speziell für sich, für ihr weibliches Menschsein in Anspruch nehmen?

Zunächst gilt es, sich in Erinnerung zu rufen, daß die Bibel „Gottes Wort in Menschenwort" ist: Wie Gott nach unserem Glauben in Jesus Christus wahrer Mensch wurde, was Begrenzung in Raum und Zeit einschließt, so hat seine gesamte Offenbarung an uns die Knechtsgestalt menschlichen Wortes angenommen, hat sich menschlich begrenzter Vorstellungen und Sprechweisen bedient, um sich Menschen überhaupt verständlich zu machen. In diesen Zusammenhang gehört, daß die Bibel aus Altem und Neuem Testament nicht aus einem Guß ist, vielmehr eine ganze Bibliothek durchaus unterschiedlicher Literaturwerke darstellt, die in einem runden Jahrtausend gewachsen und zusammengewachsen ist, wo im Prozeß der Kanonbildung (Festlegung, was zur Heiligen Schrift gehört) einige zur gleichen Zeit im jüdisch-christlichen Umfeld entstandene Schriften mit religiösem Anspruch, die sogenannten Apokryphen, ausgeschieden wurden.

Die Zeitspanne, anzusetzen von etwa 950 vor bis um 150 nach unserer Zeitrechnung, soweit es die Entstehung der Schriften betrifft, beziehungsweise bis um 400, was die Kanonfestlegung angeht, sowie der vorderorientalische, später auch mittelmeerisch-hellenistische Entstehungsraum, waren von einer patriarchalen Kultur und Gesellschaftsstruktur geprägt. So setzt die Bibel auf weiten Strecken ganz unreflektiert und selbstverständlich diesen Patriarchalismus voraus, übernimmt und spiegelt ihn. Erstaunlich sind daher gerade die Züge und Stellen, die das patriarchalische Welt- und Menschenbild durchbrechen und überschreiten.

Vor der Betrachtung einzelner Textstellen ist jedoch ins Gedächtnis zu rufen, daß die jüdisch-christliche Tradition als Ganze sich auf einen Gott beruft, den Unterdrückung und Abhängigkeit von Menschen nicht gleichgültig lassen – einen Gott, der sich parteilich auf die Seite derer stellt, die an den Rand gedrängt werden. Die an ihn Glaubenden sollen an seinem Befreiungswillen teilhaben und teilnehmen, wo immer ungerechte Über- und Unterordnung sich breit gemacht haben. In den Erzählungen von der Befreiung und Heimführung des Volkes Israel aus der Knechtschaft in Ägypten, in den Seligpreisungen von Zurückgesetzten in der Bergpredigt wird die Botschaft des befreienden Gottes allen Menschen verkündet – den einen zur Hoffnung, den anderen als Umkehrruf!

Auf der Spurensuche nach einzelnen partnerschaftlich formulierten, frauenbefreienden Texten sind vor allem zwei Stellen aufgefallen, die gleichsam wie Schlüsselstellen zu lesen und anzuwenden sind, unter deren Anspruch auch andere biblische Texte zu interpretieren, religiöse und kirchliche Überlieferungen und Praktiken zu beurteilen sind.

Im ersten Schöpfungsbericht (Gen 1,1–2,4a) heißt es Vers 27: „Und Gott schuf den Menschen nach seinem Bilde, nach dem Bilde Gottes schuf er ihn, als Mann und Frau schuf er sie." Damit will der biblische Verfasser „zum Ausdruck bringen, daß die Frau genauso an der Gottebenbildlichkeit teilhat wie der Mann" – so Josef Scharbert in seinem 1983 erschienenen Genesis-Kommentar (Echter Verlag, Würzburg). Er fügt noch hinzu: Möglicherweise will hier P (= Priesterschrift) die J-Darstellung (= Darstellung des sogenannten Jahwisten) von der Erschaffung der Frau in Gen 2,21f. korrigieren oder ihrer Mißdeutung vorbeugen."

Warum ist dieser Hinweis wichtig?

Überlegen Sie selbst: In welcher Form haben Sie die Erschaffung des Menschen aus der religiösen Unterweisung in Erinnerung? Vermutlich so, wie die meisten Menschen unseres Kulturkreises, nämlich die farbige Schilderung wie Gott einem Töpfer gleich den Menschen aus Lehm (genau: Ackerboden, adamah) formt und ihm dann seinen Lebensatem in die Nase bläst und ihn so zu einem lebenden Wesen macht und Adam (Erdling, weil von der Erde genommen) nennt – ein Gattungsname, nicht ein Eigenname. Diesem männlich vorgestellten ersten Menschen gibt Gott, weil Alleinsein nicht gut für ihn ist und die Tiere als Partner nicht taugen, dann eine „Hilfe" bei, die zu ihm paßt. Während eines Tiefschlafs erschafft Gott aus Adams Seite (Rippe) eine Frau. Schon alte jüdische Erzählungen deuten diese Erschaffung aus der Seite als ein Gleichgestelltsein: nicht aus dem Kopf – das wäre über ihm, nicht aus den Füßen – das wäre unter ihm, sondern ihm zur Seite, als sein Gegenüber. Der hebräische Ausdruck, den unsere Übersetzungen mit ‚Gehilfin', ‚Hilfe' oder ‚Beistand' wiedergeben, wird an anderen Stellen der Bibel häufig für Gott selbst verwendet[1] – deutet also keineswegs eine untergeordnete Funktion an, im Gegenteil! So verstanden, bietet auch der sogenannte zweite, jahwistische Schöpfungsbericht (Gen 2,4b–25) keinen Anlaß, die Frau als zweitrangig, als dem Mann nachgeordnet zu sehen. Er ist die anschauliche Schilderung dessen, was der erste Schöpfungsbericht abstrakter ausdrückt. Nur – so ist leider wohl den meisten Menschen die Erschaffung des Menschen nicht im Gedächtnis – weil eine patriarchale Auslegung das nicht so nahegebracht hat. Heute aber dürfen und müssen wir jene Aussage „Und Gott schuf den Menschen nach seinem Bilde, nach dem Bilde Gottes schuf er ihn, als Mann und Frau schuf er sie" als Schlüsselsatz lesen für die Art, wie Gott das

---

[1] Im neutestamentlichen Griechisch ist das dann der verheißene ‚Beistand', ‚Tröster', der Geist Jesu, der Geist Gottes, der ‚weht, wo er will' und an Pfingsten die junge Gemeinde ‚stärkt'.

Verhältnis der Geschlechter gesehen haben will – nämlich beide sind sein Bild, Mann und Frau in ihrem eigenständigen Menschsein je für sich, aber auch in ihrem Aufeinander-Bezogensein. Das gilt nicht nur für Ehe und Nachkommenschaft, sondern für alle Bereiche des Lebens, in denen beide Geschlechter zusammenwirken sollen.

Dieser Schlüsselsatz aus der Hebräischen Bibel hat eine neutestamentliche Entsprechung: Im Brief an die Galater des Apostels Paulus steht ein Wort, das erst in unseren Tagen häufig zitiert wird und das die ‚Magna Charta', das ‚Grundgesetz' christlicher Gleichwertigkeit der Geschlechter genannt werden kann. Es lautet (in der Einheitsübersetzung): „Es gibt nicht mehr Juden und Griechen, nicht Sklaven und Freie, nicht Mann und Frau; denn ihr alle seid ‚einer' in Christus Jesus" (Gal 3, 28). Schon sprachlich ist der Anklang an den vorhin bedachten ersten Schöpfungsbericht in der griechischen Bibelübersetzung, der sogenannten Septuaginta, die die ersten Christen benutzten, unüberhörbar: Beide Male heißt es, wörtlich übersetzt, „männlich und weiblich". Das ist wohl so zu verstehen: So wie Gott schon in der Schöpfungsordnung Mann und Frau gleichwertig wissen wollte, so müssen erst recht in der Neuschöpfung durch Christus die Gegensätze und Diskriminierungen zwischen den Geschlechtern fallen – ebenso wie die, damals schwerwiegenden, zwischen Juden und Griechen, Sklaven und Freien. Dieses so gewichtige Wort, wahrscheinlich schon vor Paulus in den Gemeinden formuliert, jedoch durch Pauli Übernahme in seiner Bedeutsamkeit noch betont, hat lange wenig Wirkungsgeschichte gehabt. Erst unter dem Einfluß der Frauenbewegung mehren sich in den letzten Jahren die theologischen Arbeiten[2] darüber, rückt diese Aussage ins Bewußtsein der Glaubenden.

---

[2] Zum Beispiel: *Hartwig Thyen:* ... nicht mehr männlich und weiblich ... Eine Studie zu Galater 3, 28, in: *Frank Crüsemann / Hartwig Thyen:* Als Mann und Frau

Bei den Christen der frühen Zeit galt dieses Wort als Taufbekenntnis. Das will sagen: Wer Christ sein wollte, mußte sich zumindest als Ideal dazu bekennen, daß die Ungleichheiten und Minderbewertungen zwischen Völkern und Rassen, zwischen den verschiedenen sozialen Klassen und auch die zwischen den Geschlechtern im Leben der Christen, im Zusammenleben der christlichen Gemeinde keine Bedeutung haben, ja überwunden werden müssen. Daß das auch damals in der praktischen Verwirklichung nicht immer leicht und nicht so ohne weiteres selbstverständlich war, können wir nur ahnen. Aber als Anspruch steht es da – ein Anspruch, der auch heute von Christen und christlichen Gemeinden einzuholen ist, worauf Christinnen pochen dürfen und müssen. Lange Jahrhunderte und bis in unsere Tage hinein war es ja so, daß immer dann, wenn Frauen sich von ihrem zweitrangigen Platz erheben, volles und eigenständiges Menschsein beanspruchen wollten, die Bibel benutzt wurde, um solches Emanzipationsstreben als „schöpfungs- und offenbarungswidrig" zurückzuweisen – häufig mit (unsachgemäßer) Berufung auf die Schöpfungs, Paradieses- und Sündenfallerzählungen (ein späteres Kapitel wird näher darauf eingehen). Feministische Theologinnen haben sich deshalb vorgenommen, neben den frauenfreundlichen auch die frauenfeindlichen Traditionen im Alten und Neuen Testament aufzudecken und die letzteren im Licht solcher Schlüsselstellen wie Gen 1, 27 und Gal 3, 28 aufzuarbeiten. Beim Aufspüren von Frauengeschichten in der Bibel wollen sie auch auf das achten, was ausgespart wurde, was (von den männlichen Autoren) nicht aufgeschrieben, nicht überliefert wurde. So verstanden, wird die Bibel ein nach vorn offenes Buch, das Veränderung

---

geschaffen – Exegetische Studien zur Rolle der Frau, Burckhardthaus-Verlag / Laetare-Verlag, Gelnhausen 1978; sowie die Passage „Zur Interpretation von Gal 3, 28" im Beitrag: Zur Stellung der Frauen in den paulinischen Gemeinden, von *Gerhard Dautzenberg* im Sammelband: Die Frau im Urchristentum (vgl. Literaturbericht 1).

im Verhalten der Menschen nicht nur zuläßt, sondern sogar fordert. Und zwar nicht aus menschlicher Willkür, sondern um dem Willen Gottes immer besser zu entsprechen. Wie das am Verhalten Jesu und der urchristlichen Gemeinden aufzuzeigen und zu legitimieren ist, werden spätere Kapitel behandeln. Das Ziel all dieses Bemühens ist, jene Sicht zu überwinden, die den Mann als Norm des Menschseins ansieht, während die Frau als das Andere, Randständige, Abgeleitete, ins Unsichtbare Abzudrängende gilt. Die Bibel soll ein „Brot" sein und immer mehr werden, das uns Frauen „nährt" – und nicht ein „Stein", der uns zudeckt und beschwert.

4. Kapitel

„Du bist Vater, du bist Mutter, du bist ...“

Das Gottesbild der Bibel

Der Gott der Bibel – welches Bild ‚machen‘ wir uns von ‚ihm‘? Enthält diese Frage nicht gleich zwei ‚Anstößigkeiten‘, zwei ‚Stolpersteine‘? Einmal ist da die Rede vom ‚Bild‘, das wir uns ‚machen‘, und zwar von Gott. Fällt uns da nicht sofort das Verbot aus dem Dekalog (Zehngebot) ein „Du sollst dir kein Bildnis machen ...“? Zum zweiten wird für Gott, wie ganz selbstverständlich, das Pronomen (Fürwort) ‚er‘, ‚ihm‘ verwendet, also die männliche Form. Wobei wir wieder bei der androzentrischen (auf den Mann bezogenen) Sprache wären (vgl. das 2. Kapitel), über die wir bei jedem Schritt und Tritt ‚stolpern‘, die kaum oder nur sehr schwer zu vermeiden ist.

Zunächst ein paar allgemeine Überlegungen zum Thema. Die Frage nach dem Gottesbild ist eine der wichtigsten Fragen und Aufgaben feministischer Theologie. Denn unser Bild von Gott prägt auch unser Bild vom Menschen, und umgekehrt übertragen wir unser Bild vom Menschen auf unsere Vorstellung von Gott, von der Gottheit, um es einmal etwas offener zu formulieren. Das hat Auswirkungen auf die gesellschaftlichen Beziehungen und Wertschätzungen zwischen Männern und Frauen, auf ihre Rollenbilder, die Über- bzw. Unterordnung.

Wenn Menschen sich Gott männlich vorstellen, so sind alle Männer gottähnlich, zumindest gottähnlicher als Frauen. Von daher ist zumindest zu verstehen, daß einige feministische Denkerinnen auf der „Suche nach der Göttin“ sind, oder von GOTT/IN sprechen, oder DIE GOTT sagen. Die brisante Fragestellung ist, etwas holzschnittartig zusammengefaßt, die: Sind in der jüdisch-christlichen Tradition ausschließlich männlich geprägte Gottesbilder zu finden, oder gibt es in ihr auch weibliche Aussagen über Gott, die bisher bloß zu wenig wahrgenommen wurden?

Zunächst bleibt einmal nichts anderes übrig als zuzugestehen – was übrigens die biblische Wissenschaft heute auch weitgehend tut –, daß nämlich die Herausbildung des Monotheismus, des Glaubens an einen einzigen Gott, in Israel *leider* mit der Verdrängung des Weiblichen, auch konkret der Frauen, aus dem Bereich des Religiösen erkauft wurde. In den letzten Jahren wurde herausgearbeitet – und dies keinesfalls nur von feministischen Theologinnen –, daß der Weg zum Ein-Gott-Glauben sehr viel verwickelter und komplizierter war und vor allem sein Ergebnis erst sehr viel später anzusetzen ist, nämlich in der Exils- und Nachexilszeit (vor dem 6. bis ins 4. vorchristliche Jahrhundert), als bis vor kurzem angenommen wurde und es dem/der Normal-Gläubigen bewußt ist. Das bedeutet gleichzeitig, daß in der Frühzeit israelitischer Religion- und Kultausübung Weibliches, weibliche Symbolik, weit mehr als bislang bekannt und bewußt war, anzutreffen ist – vor allem wohl auch in der privathäuslichen Religiosität, für die Frauen zuständig gewesen sein dürften – wie das so gut wie überall der Fall ist. Wer erinnert sich nicht, wie auch in unserem Raum, zum Beispiel bei Einkehrtagen für katholische Frauen, diese als „Priesterinnen in der Familie“ angesprochen wurden!

Kehren wir zu der Vorstellung des Einen, Einzigen Gottes zurück, die als hohe Errungenschaft der Religionsgeschichte angesehen wurde und wird, die wir vom Judentum als unserer Wurzel empfingen und die auch vom Islam übernommen wurde – eine Vorstellung, auf der unsere westliche Kultur, noch in ihrer säkularen Ausprägung, beruht. Ein Grund übrigens, warum diese Fragen nicht nur für religiös-kirchlich orientierte Frauen von Wichtigkeit sind, sondern für alle in dieser Kultur lebenden Frauen (und Männer).

Da der Weg zum Einen, Einzigen Gott in einer patriarchalisch geprägten Umwelt und Epoche stattfand, blieb es nicht aus, daß auch das Bild dieses Gottes androzentrische, patriarchale Züge bekam: Gott ist König, Herrscher, Herr, Heerführer, Hirte, Richter und Bestrafer, Vater, Geliebter, Ehemann. Die weibliche Symbolik wurde der menschlichen Seite zugeordnet; so wird das Volk Israel, die Kirche, die Menschheit als Braut oder (meist treulose) Ehefrau vorgestellt. Wobei die Beschreibung der Beziehung Gott/Menschheit in männlich-weiblicher Terminologie, erstmals ausgeprägt beim Propheten Hosea, durchaus als Fortschritt anzusehen ist!

Noch heute haben die meisten Menschen unseres Kulturkreises aus der religiösen Sozialisation in der Kindheit die Vorstellung von Gott als einem alten Mann mit weißem Bart. Woher kommt dieses Bild? Die religiöse Kunst zurückliegender Jahrhunderte, wahrscheinlich inspiriert von einer visionären Beschreibung im Buch Daniel, einer Spätschrift des Alten Testaments, wo von Gott als einem „Hochbetagten" die Rede ist (Dan 7, 9), hat diese Vorstellung durch unzählige Darstellungen geweckt und genährt. Wie sehr uns allen dieses Bild in Fleisch und Blut sitzt, spüren wir, wenn wir uns – zum Kontrast – einmal fragen, ob wir uns Gott auch als alte Frau vorstellen könnten, etwa so wie Dürer seine Mutter gezeichnet hat. Gewöhnlich tritt auf diese Frage nachdenkliches oder betretenes Schweigen in der Runde ein ...

Die biblische Offenbarung kennt das Bilderverbot. Ursprünglich wollte es der Gefahr wehren, daß die Israeliten wie die heidnischen Nachbarvölker sich „Standbilder" machten und verehrten (siehe das ‚Goldene Kalb'). Dieses Verbot ist jedoch auch in unsere Verhältnisse hinein zu übersetzen. Die Theologie hat immer gewußt und schon im Hochmittelalter formuliert, daß alle menschlichen Vorstellungen und Aussagen über Gott nur als ‚Analogie', als Gleichnisrede, zu verstehen sind: Gott ist immer größer und anders, übersteigt all unsere Vorstellungen; die Unähnlichkeit mit uns Menschen ist größer als die Ähnlichkeit!

Diese alte theologische Erkenntnis ist präsent zu halten, wenn wir andererseits der psychologischen Einsicht Rechnung tragen wollen, daß wir Menschen Bilder und Vorstellungen brauchen, um eine Beziehung zur Gottheit aufzubauen. Um Gott gleichsam bild-los als DIE LIEBE zu erahnen, wie es im Johannesevangelium heißt – dazu bedarf es schon eines hohen Reifegrades.

Wenn also schon Bilder, sprachliche Bilder zumindest – und selbst Jesus sprach von Gott als vom VATER, allerdings in der familiär-zärtlichen Koseform ABBA – dann ist es auch legitim, danach zu fragen und zu suchen, ob es im biblischen Gottesbild auch weibliche Züge gibt, ob den väterlichen auch mütterliche Eigenschaften entsprechen.

Wer die Bibel, die hebräische zumal, genau liest, kann da erstaunliche Entdeckungen machen. Die amerikanische Theologin Virginia R. Mollenkott hat solch „Vergessene Gottesbilder der Bibel" aus ihrer ‚Verstreuung' zusammengetragen und uns damit die Arbeit sehr erleichtert („Gott eine Frau?", vgl. Literaturbericht 2). Zur Klarstellung schreibt sie, „daß es uns christlichen Feministinnen nie darum gegangen ist, von Gott als Vater oder Geliebtem nichts wissen zu wollen, sondern darum, dabei nicht *stehen* zu bleiben". Sie betont auch, daß diese weiblich-mütterlichen Züge nicht erst heute entdeckt werden, sondern auch frühere Zeiten sie gesehen haben. So schrieb zum Beispiel Clemens von Alexandrien im 2. Jahrhundert: „Durch seine Liebe wird der Vater zu einem mütterlichen Wesen." Und Johannes Chrysostomus (4. Jahrhundert) sagt von Christus: „Genau so wie eine Frau ihre Kinder mit ihrem eigenen Blut und ihrer eigenen Milch nährt, so nährt auch Christus mit seinem eigenen Blut fortwährend diejenigen, die er gezeugt hat." Bei Synesius, einem lybischen Bischof des 5. Jahrhunderts, ist von der christlichen Gottheit zu lesen: „Du bist Vater, du bist Mutter, du bist männlich und weiblich." Im Hoch- und Spätmittelalter waren es Mystikerinnen wie Mechthild von Hackeborn, Katharina von Siena, Birgitta von Schweden und vor allem Juliane von Norwich (vgl. Literaturbericht 3), die – angeregt von der Bibel – von Gott in weiblichen Bildern sprachen; im 16. Jahrhundert tat dies Teresa von Àvila.

Nun zur Bibel selbst: Bei Jesaja spricht Gott im Blick auf Götzendiener: „Ich hatte sehr lange geschwiegen, ich war still und hielt mich zurück. Wie eine Gebärende will ich nun schreien, ich schnaube und schnaufe" (Jes 42, 14). Deuteronomium 32, 18 heißt es: „An den Fels, der dich gezeugt hat, dachtest du nicht mehr, und vergaßest den Gott, der dich geboren hat." Auch das Buch Ijob kennt dieses Bild vom Gebären: Da wird vom Meer gesprochen, das bei der Schöpfung „sprudelnd dem Mutterschoß entsprang" (38, 8b) und gefragt: „Aus wessen Schoß entspringt das Eis, wer hat den Reif des Himmels denn geboren?" (38, 29). Das hebräische Wort für Mutterschoß (racham oder rechem) ist mit dem hebräischen Wort für Erbarmen (rachum oder racham) fast gleichlautend; Gottes Erbarmen, selbstverständlich auch menschliches Erbarmen, ist eine weiblich-mütterliche Eigenschaft!

Das Neue Testament greift die Vorstellung von Wehen und Geburt an vielen Stellen auf. Da spricht Jesus von „seiner Stunde", die da oder noch nicht da ist – wie eine Frau, der die einsetzenden Wehen die Stunde der Geburt ankündigen. Auch Paulus ‚erleidet' für die von ihm gegründeten Gemeinden ‚Geburtswehen' – „bis Christus in euch Gestalt annimmt" (Gal 4, 19) – wieder ein Bild vom Werden im Mutterschoß!

Noch viele Anspielungen auf mütterliches Tun Gottes gibt es in der Schrift – da trägt, stillt, füttert, schützt, heilt, führt, erzieht, bestraft, tröstet, reinigt und kleidet Gott die Menschenkinder, dient auch als Hebamme, als Bäckerin oder als Haushälterin, als Vorsteherin eines großen Haushalts, in dem für alle Mitglieder gesorgt wird und alle eine sinnvolle Aufgabe haben – lauter Tätigkeiten, die in einer streng patriarchalisch-hierarchisch geordneten Welt ausschließlich von Frauen ausgeführt wurden. Gott zugeschrieben, drücken sie einerseits die ‚Kenosis', den sich herabneigenden Bezug Gottes gegenüber den Menschen aus, werten jedoch gleichzeitig die weiblich-mütterlichen Tätigkeiten auf, die so lebensnotwendig sind, aus patriarchalischer Sicht aber gering geschätzt werden.

Im Psalm 123 wird Jahwe gleichwertig als ‚Herr' und ‚Herrin' des Hauses beschrieben; das kann uns ermutigen, im ‚Vater unser' auch die ‚Mutter unser' mitzudenken. In Jesu Gleichnissen ist Gott wie ein Hirte, der sein verirrtes Schaf heimträgt, wie ein Vater, der sich über die Rückkehr des Sohnes freut, aber auch wie eine Frau, die nicht abläßt, bis sie eine verlorene kostbare Münze wiederfindet; damit konnten Frauen „ihre eigene Natur in der Gottheit repräsentiert" sehen (Mollenkott).

Es gibt auch Beispiele in der Schrift, wo Gott als Bärenmutter beschrieben wird (Hosea 13, 8), oder als Adlermutter, die ihre Jungen nicht nur auf ihren Fittichen in die Höhe trägt, sondern ihnen beibringt, selbst zu fliegen, selbst Nahrung zu suchen, eigenständig und selbstverantwortlich zu werden (vgl. Dtn 32 und Ijob 39). Zu anderen Zeiten ist Gott wie eine Henne, die gluckend nach uns Ausschau hält und bei Gefahr uns unter ihre Flügel nimmt (vgl. Ps 17, 57, 61, 91). Jesus nimmt dieses Bild auf, wenn er sagt: „Wie oft wollte ich deine Kinder um mich sammeln, so wie eine Henne ihre Küken unter ihre Flügel nimmt" (Mt 23, 37).

Waren wir bislang ‚blind', nicht bereit, solche frauenanerkennende Symbolik im biblischen Gottesbild wahrzunehmen? Waren unsere Augen ‚gehalten' von einseitig-patriarchalischer Sichtweise? „Wie eine Mutter ihren Sohn tröstet, so tröste ich euch" – verspricht uns Gott in Jes 66, 13!

Im biblischen Gottesbild gibt es männliche und weibliche, mütterliche und väterliche Züge. Gleichzeitig ist Gott weder weiblich noch männlich, sondern der/die/das ‚Ganz Andere'. Vielleicht ist gerade heute die ‚Stunde' gekommen für jene oben schon angesprochene, anzustrebende Reifestufe: Immer mehr Menschen suchen – u. a. in Meditationsübungen – von überholten Gottesbildern wegzukommen und Gott erlebnismäßig zu erfahren: Gott als Atem, der mich belebt, als Geistwind, der mich ergreift, als Geistfeuer, das mich durchglüht und mich verwandelt ... GOTT – DIE LIEBE, die mich (und alle anderen, und alles andere) sein läßt ... (Vgl. auch Kapitel 12.)

5. Kapitel

Vor-Schwestern und Erz-Mütter

Frauen in der Hebräischen Bibel – neu zu entdecken

Von den Erz-Vätern zu sprechen, ist uns seit Kindheitstagen geläufig. Gemeint sind damit Abraham, Isaak und Jakob – jene drei Vätergestalten, auf die sich das Volk Israel bezieht, von denen es sein Gottesverständnis und sein Gottesverhältnis, den Bund, herleitet.

Seit einiger Zeit fragen Jüdinnen und Christinnen: Gibt es auch für uns als Frauen Identifikationsfiguren in der Hebräischen Bibel? Wie steht es überhaupt mit den Frauen in der langen Geschichte der Volk-Werdung Israels? Welche Rolle kam ihnen zu in der Ausformung der Religiosität?

Wenn auch die Stellung des Mannes in den Großfamilien der frühisraelitischen Stammesgesellschaft unübersehbar und im Wortsinn ‚dominant' (be-herr-schend, vor-herr-schend) war – vor allem was die Außensicht und die Außenvertretung betrifft –, so schimmert doch durch viele Texte und Erzählungen durch, daß die Frau des Hauses im Innenbereich der Familie kultisch aktiv war und religiöse Verantwortung trug. Spuren davon sind noch heute im religiösen Leben einer jüdischen Familie erhalten: Ganz selbstverständlich sind die Hausfrauen verantwortlich für die Einhaltung der zahlreichen religiösen Vorschriften, die im Haus und zumal in der Küche, im Speiseplan und beim Gebrauch des Geschirrs, zu beachten sind. Jüdische Liturgie ist nicht auf den Raum der Synagoge beschränkt – mindestens ebenso wichtig ist ihr Vollzug in der Familie: Die Frau des Hauses entzündet die Sabbatlichter und spricht den Segen darüber ... Empfang der

Königin Sabbat – der feierlichste und freudigste Augenblick im jüdischen Wochenablauf! (Vgl. dazu auch Kapitel 12.)

Versuchen wir, wenigstens einigen Spuren nachzugehen, wo im Alten Testament Frauen Kontakt zum Göttlichen haben – obwohl sie in eine männlich bestimmte Ordnung eingebunden sind. Überaus erstaunlich ist, daß beim Schlüsselerlebnis Israels, der Befreiung aus der Knechtschaft Ägyptens und der Errettung vor den Truppen des Pharao beim Zug durchs Schilfmeer, eine Frau – Mirjam – als erste den Lobgesang anstimmte und Jahwe, den Errettergott, pries und zusammen mit ihren Schwestern sang und tanzte (siehe dazu Exkurs 1 „Mirjam – Die Prophetin vom Schilfmeer").

Ein solches theologisches Deuten von faktischem Geschehen heißt in der Sprache der Bibel „prophetisch reden". Biblische Prophetie ist weit weniger ein Vorhersagen der Zukunft als vielmehr ein Deuten der Geschehnisse im Licht des Glaubens an den Gott Israels. Erst als Folge solcher vom Geist Gottes eingegebener Deutung (In-spiration) werden auch Drohung oder Verheißung für die Zukunft ausgesprochen. Häufig mit der Absicht, doch noch eine Änderung des gegenwärtigen Verhaltens des Volkes oder einzelner Menschen zu bewirken! Solches prophetisches Deuten von Ereignissen im Licht Gottes ist *das* Spezifikum der Bibel, ist gleichsam *das* Geschenk Gottes an die Menschheit durch Israel. Und daran haben Frauen von Beginn an Anteil. Der Umstand, daß die Bibel in patriarchaler Umwelt entstanden ist (vgl. Kapitel 3), und beinahe noch mehr ihre spätere patriarchale Auslegung, haben dies zwar verdunkelt, jedoch nicht gänzlich verdrängen und auslöschen können. So ist zwar damit zu rechnen, daß der Strom weiblicher Prophetie breiter war als er uns überliefert ist, aber der Geist Gottes, biblisch gesprochen die – im Hebräischen weibliche – ruach Gottes (vgl. auch Kapitel 12), hat bewirkt, daß wir wenigstens noch Reste davon entdecken können. Lange Zeit sind sie leider wenig beachtet worden.

Ein wichtiger Zeitraum in der Geschichte des Gottesvolkes ist die Regierungszeit des Königs Josia von Juda, die von 640 bis 609 v. Chr. angesetzt wird. Dieser gottesfürchtige König strebte eine Erneuerung und Reinigung des Jahwekultes an. Im 18. Jahr seiner Regierung, also 622, wurde bei Aufräumungs- und Renovierungsarbeiten am Tempel eine Gesetzesrolle gefunden und dem König überbracht. Dieser ließ sich das Buch vorlesen. „Als der König die Worte des Gesetzbuches hörte, zerriß er seine Kleider und befahl ...: Geht und befragt den Herrn für mich, für das Volk und für ganz Juda wegen dieses Buches, das aufgefunden wurde ... Da gingen der Priester ... zur Prophetin Hulda. Sie war die Frau Schallums, des Sohnes Tikwas, des Sohnes des Harhas, des Verwalters der Kleiderkammer, und wohnte in Jerusalem in der Neustadt. Die Abgesandten trugen ihr alles vor ..." (2 Kön 22, 11–14). Die Antwort Huldas (2 Kön 22, 15–23) beginnt mit dem prophetisch legitimierenden Vollmachtswort: „So spricht der Herr, der Gott Israels ..." Was Hulda zu sagen hat, ist eine Unheilsbotschaft, begründet mit: „Denn sie haben mich verlassen, anderen Göttern geopfert und mich durch alle Werke ihrer Hände erzürnt." Nur dem König, der sich „vor dem Herrn gedemütigt hat", weissagt sie, „das Unheil nicht mehr sehen" zu müssen.

Diese uns so wenig vertraute Hulda muß eine ähnlich bedeutsame Frau gewesen sein wie die Mirjam vom Schilfmeer. Sie hatte wohl bereits *vor* diesem in der Heiligen Schrift festgehaltenen Ereignis einen hohen Ruf als echte Prophetin (die Schrift spricht häufig auch von ‚Lügenpropheten' und meint damit solche, die den Mächtigen nach dem Mund reden). Warum sonst hätte der Jahwe-treue König gerade zu ihr geschickt um Weisung? Wie aus Vers 23, 2 hervorgeht, gab es durchaus andere Propheten zu der Zeit. Jedoch der König verließ sich auf diese Frau. Auf ihr Wort hin rief er Älteste, Priester, Propheten und alles Volk zusammen, um die Mißstände zu beseitigen, um dem Willen Gottes, so wie diese prophetisch redende Frau ihn auslegte, besser zu entsprechen.

Von Hulda, die etwa ein, zwei Generationen vor der Eroberung Jerusalems (587) den Untergang aufgrund ihrer lebendigen Gottverbundenheit und ihrer wachen Beobachtung der Zustände „geschaut“ hatte und mutig genug war, dies nicht zu verschweigen, führt eine Linie zu dem Exilspropheten Deutero-Jesaja, der „die Wende zum Heil ausgerechnet in Gleichnissen aus dem Leben der Frau ins Bild bringt“ (Maria-Sybilla Heister in „Frauen in der biblischen Glaubensgeschichte“, vgl. Literaturbericht 1). Der gemeinte Text, Jes 54,1–10, beginnt: „Juble, du Unfruchtbare, die nicht gebar, brich aus in Jubel und Jauchzen, die nicht in Wehen kam ...“ Hier wird auch die patriarchale Vorstellung aufgebrochen, eine Frau gewinne nur Wert durch biologische Nachkommenschaft.

Vom zweiten Jesaja geht die Linie weiter zu dem nachexilischen Propheten Joël, aus dessen Mund Gott im Blick auf das Kommende so spricht: „Danach aber wird es geschehen, daß ich meinen Geist ausgieße über alles Fleisch. Eure Söhne und Töchter werden Propheten sein, eure Alten werden Träume haben, und eure jungen Männer haben Visionen. Auch über Knechte und Mägde werde ich meinen Geist ausgießen in jenen Tagen ...“ (Joël 3,1.2). Hier wird gesagt, daß in der End-Zeit alle Gegensätze unter den Menschen aufgehoben werden, und zwar dadurch, daß Gott seinen Geist ausgießt (es ist wieder die im Hebräischen weibliche ruach Gottes!). Mit „über alles Fleisch“ ist die Gesamtheit der Menschen gemeint, die unterschiedslos hinfällig und gebrechlich – eben Fleisch – sind, aber durch die Geist-Mitteilung zu „Propheten“, zu Gott-Erleuchteten, werden. Daß vor allem geschlechtliche Unterschiede keine Bedeutung mehr haben, wird gleich zweimal gesagt, nämlich „Söhne und Töchter“ sowie „Knechte und Mägde“ werden der Geistausgießung teilhaftig. In dieser letzten Aussage ist auch die Gleichwertigkeit von normalerweise sozial Ungleichen angesprochen – ebenso wie die Visionen der Jungen den Träumen der Alten gleichwertig gegenübergestellt werden, will sagen: auch die verschiedenen Generationen haben einander nichts voraus!

Diese prophetische Vision Joëls von Gottes Vorstellung menschlichen Miteinanders und menschlicher Gottesbeziehung hat eine frühe Entsprechung im Wunsch des Mose: „Wenn nur das ganze Volk des Herrn zu Propheten würde, wenn nur der Herr seinen Geist auf sie alle legte" (Num 11, 29) und wird von der Gemeinde der ersten Christen als nun, jetzt, in Erfüllung gegangen verstanden. Als Petrus am Pfingsttag vor die zusammengeströmte Menge trat und seine erste öffentliche Predigt hielt, da begründete er das begeisterte und begeisternde Reden der Jünger und Jüngerinnen über die Großtaten Gottes: „... jetzt geschieht, was durch den Propheten Joël gesagt worden ist: ... Eure Söhne und eure Töchter werden Propheten sein ... über meine Knechte und Mägde werde ich von meinem Geist ausgießen ... und sie werden Propheten sein ..." (Apg 2, 16b–18). Ein großer Bogen schließt sich, von der Mose-Zeit bis in die Urkirche: das ganze Gottesvolk ist zu prophetischem Reden aufgerufen und ermächtigt, Frauen so gut wie Männer. Weil die patriarchalische Sprache allerdings bis heute häufig den Eindruck erweckt, als seien Frauen nicht oder nur in Ausnahmefällen gemeint, ist es notwendig, Frauen als prophetisch Redende und Handelnde besonders ins Bewußtsein zu heben; so entstand in Anlehnung an das Joël-Zitat auch der Titel dieser Serie, der auch für das Buch übernommen wurde. Barbara Leckel von der Redaktion FRAU UND MUTTER hatte die Idee, das Joël-Zitat so zu aktualisieren.

In der Hebräischen Bibel gibt es natürlich noch viele Spuren von Frauen und Frauengeschichten. Manche tragen Namen, die wir gut kennen, die sogar in den letzten Jahren wieder in Mode gekommen sind wie Judith und Esther, Rebekka oder Abigail. Viele sind namenlos, werden nur durch ihren Familienstand gekennzeichnet: Tochter von ..., Frau des ..., Witwe ...

Schon die Erzväter-Geschichten sind undenkbar ohne die Erz-Mütter Sara und Rebecca, Lea und Rahel, die häufig ins Geschehen eingreifen und die Geschichte weiterbringen. An Gestalten wie der Magd Hagar oder der Jakobstochter Dina oder Judas Schwiegertochter Tamar werden spezifische Frauenschicksale in einer von Männern bestimmten Welt deutlich. In diesem Rahmen ist es nicht möglich, all diesen Lebensgeschichten nachzuspüren. Es gibt darüber inzwischen eine reiche und vielfältige Literatur (vgl. die Literaturberichte, bes. 1, und zu diesem Kapitel [s. S. 221] aufgeführte Bücher). Hingewiesen werden soll jedoch auf zwei Bücher im Alten Testament: Da ist einmal das HOHELIED, eine Sammlung von Liebesliedern, in der die erotische Liebesbeziehung zwischen Mann und Frau völlig partnerschaftlich dargestellt ist – im Gegensatz zur sozialen Wirklichkeit, in der die Frau als Besitz des Mannes galt. Und da ist das Buch RUTH, das wir in den letzten Jahren als eine bewegende Geschichte von Frauensolidarität zu lesen gelernt haben, die von Gott belohnt wird. (Siehe dazu Exkurs 3: Ein Wunder ist es – Dialoge aus dem Hohenlied; sowie Exkurs 2: Von Gott gesegnet: Solidarität, Initiative, Klugheit von Frauen.)

Ganz allgemein läßt sich festhalten: Immer da, wo Frauen in der Hebräischen Bibel vorkommen, kommt auch das volle, pralle Leben, auch das Leben des Alltags zum Vorschein – mit seiner Härte und mit seiner Wärme, seiner Sorge, seiner Schutzbedürftigkeit, seinem Verlangen nach Erbarmen, seiner Not und seiner Freude. Und darin geschieht, mehr oder minder verhüllt, Berührung mit dem Göttlichen.

6. Kapitel

Frauen um Jesus

Sein Verhalten: Ungewöhnlich zu seiner Zeit – beispielhaft für heute

Die Kirche jeder Zeit, also auch der unseren, muß sich an ihrem Ursprung messen lassen. Sie muß sich auch immer wieder neu an diesem Ursprung ausrichten. Das gilt allgemein und deshalb auch für die Frage der Stellung der Frauen in der Kirche. Christliche Frauen heute fragen, wie es denn am Maß-gebenden Beginn des Christentums in dieser Frage aussah. Der Ursprung, das, womit alles angefangen hat, war die Jesusbewegung. Sie ist uns im Neuen Testament, vor allem in den Evangelien, gespiegelt.

Zur Zeit Jesu waren in Palästina – wie auch im übrigen Mittelmeerraum – die eng miteinander verquickten gesellschaftlichen und religiösen Lebensformen rigoros patriarchalisch geprägt. Wir können uns heute wohl kaum mehr vorstellen, wie provozierend, anstößig, umwerfend Jesu Verhalten bezüglich Frauen auf seine Umgebung gewirkt haben muß. Zumal es häufig Frauen am äußersten Rand des gesellschaftlichen Lebens waren, wie Prostituierte, Kranke, von bösen Geistern ‚Besessene' (vermutlich psychisch Kranke), denen er sich zuwendete, die er an sich herankommen ließ.

Jesus hat seine Botschaft vom Hereinbrechen der Gottesherrschaft gleicherweise Männern und Frauen verkündet. Diese Frohe Botschaft war besonders an Arme, Bedrängte, Benachteiligte, Außenseiter, zum Beispiel Menschen mit einem verachteten Beruf wie Zöllner, gerichtet; so dürften Frauen, die zu diesen Gruppen gehörten, besonders dafür aufgeschlossen gewesen sein. Weil der Gott, den Jesus verkündete und den er zärtlich-familiär „Abba“ (Väterchen, Pappele) nennt, das Heil eines jeden Menschen will, ist für Jesus die Frau in der Liebe Gottes dem Mann völlig gleichgestellt und gleichberechtigt. Jesus heilt Frauen genauso wie Männer; er scheut bei solchen Handlungen weder die im religiösen Verständnis seiner Umwelt eventuell ‚unrein‘ machende Berührung noch das Gespräch – für einen Mann, zumal einen Rabbi, und gar noch in der Öffentlichkeit, verpönt. Er läßt zu, daß Frauen, angezogen von seiner Botschaft, seiner Heilkraft, seiner Lebensweise, sich ihm anschließen und wie die männlichen Jünger auf seinen Wanderungen durchs Land begleiten. Einige aus diesem Kreis wie Maria aus Magdala, Johanna, die Frau eines Hofbeamten des Herodes mit Namen Chuza, und Susanna werden sogar namentlich genannt (vgl. Lk 8, 1–3). Anders als die verängstigten männlichen Jünger verlassen diese galiläischen Frauen den geliebten Meister auch nicht als es ans Äußerste geht: Sie sehen aus der Ferne, das heißt, so nahe sie eben herandurften, der Kreuzigung und Grablegung zu – obwohl das sicher auch für sie nicht ungefährlich war. Sie wollen dem Hingerichteten durch Salbung des Leichnams die letzte Ehre erweisen und werden so zu ersten Zeuginnen und Verkünderinnen seiner Auferweckung.

Jesus kehrte auch in den Häusern von Frauen ein, zum Beispiel bei der Schwiegermutter des Petrus, oder bei den Schwestern Martha und Maria in Bethanien. Von einer heidnischen Frau, der Syrophönikierin mit der kranken Tochter, läßt er sich sogar dazu bewegen, sein Heilswirken über die Grenzen Israels auszudehnen. Es ist der einzige Fall, wo Jesus, menschlich gesprochen, sich umstimmen läßt; von Gott her gesehen: durch die Art, wie diese Frau mit ihm um ihr und ihrer Tochter Heil ringt, bewirkt der Gottesgeist Jesu Verstehen, daß hier und jetzt die ‚Stunde‘ ist, seine Sendung an den Grenzen Israels nicht enden zu lassen ... In Gleichnisreden (Sauerteig, verlorene Drachme, beharrliche Witwe) beweist Jesus, wie gut er sich in der Lebenswelt von Frauen auskennt und wie diese ihm nicht zu gering ist, um das Gottesreich zu veranschaulichen.

Nach dem Johannesevangelium führt Jesus am Jakobsbrunnen mit der Samariterin (siehe dazu Exkurs 4: Zum Leben befreit – Ein Tagebuchblatt aus dem Jahr 33), einer ‚Frau mit Vergangenheit', ein hochbedeutsames Glaubensgespräch, und – ebenfalls auf der Straße – eines mit Martha (siehe dazu Exkurs 6: Flügelaltar für Martha) vor der Auferweckung des Lazarus. Dabei legt Martha ein Messias-Bekenntnis ab, das dem des Petrus nicht nachsteht. Nur führt das der Martha im Bewußtsein der Christen bis heute ein Schattendasein, während jenes des Petrus das Papsttum begründete. – Auch die Art, wie Jesus die „Ehebrecherin" (siehe dazu Exkurs 5: Steine, Träume und ein Tanz, oder, was passiert, wenn erhobene Arme sinken) angesichts der Sündhaftigkeit aller Menschen nicht verurteilt, sondern ihr das Leben rettet, ihr Lebensmut und die Chance eines neuen Anfangs gibt, ist ein überzeugendes Beispiel für Jesu neues Verhältnis zu Frauen.

An den wenigen Stellen, wo er sich zur Ehe äußert, stellt Jesus entgegen der herrschenden Praxis Mann und Frau gleich. Seine Verwerfung der Scheidung war damals eine Aufwertung der Frau und ein großer Schutz für die Frauen.

Schon diese geraffte Darstellung mag zeigen, daß sich Frauen von Wort und Verhalten des Mannes aus Nazaret in ihrer tiefsten menschlichen und religiösen Sehnsucht angesprochen, verstanden und anerkannt fühlten und dies auch mit ihrer Treue bis in den Tod hinein beantworteten. Dabei müssen wir uns klar sein: Das, was die Evangelien berichten, spiegelt stets zwei Ebenen (auch das gilt allgemein und so auch für das Verhältnis zu Frauen und die Stellung von Frauen): Einmal sind es an ausgewählten Beispielen aus der irdischen Zeit Jesu ernst zu nehmende Nachrichten über Jesu Lehre und die Art seines Lehrens, über seinen Umgang mit

Menschen, über sein Heilen, besonders von sogenannten ‚Besessenen', über seine Streitgespräche mit Widersachern – interessanterweise übrigens niemals Frauen –, über sein Beten, sein Verhältnis zu Gott, sein Verhältnis zur religiösen Überlieferung seines Volkes.

Andererseits berichten die Evangelien dies nicht in der Weise moderner Geschichtsschreibung als abgehobene Tatsachen, die wir zur Kenntnis nehmen können oder auch nicht, sondern stets so, daß sich die Hörer/innen oder Leser/innen davon existentiell angesprochen fühlen sollen. Zunächst natürlich die der damaligen Zeit, die Mitglieder der frühen Gemeinden und die am christlichen Glauben, am Weg Jesu – wie man damals sagte – Interessierten, und solche, die sich vielleicht gerade auf die Taufe vorbereiteten. Mittelbar auch alle, die später diese Berichte hören oder lesen, und so auch wir.

Allerdings liegt für uns doch der Graben der Geschichte dazwischen, mit allem, was das beinhaltet: anderes Weltbild, andere Lebensverhältnisse, andere religiöse Auffassungen. Das heißt immer: wir müssen zuerst fragen, was bedeutete das für die Menschen damals, und dann erst, was kann es für uns bedeuten. Denn so wie die Menschen damals ihr Weltbild, ihre Lebensauffassung, ihre kulturell-gesellschaftlichen Bedingungen hatten, so haben wir sie heute auch. Und das gilt auch für alles, was wir im Neuen Testament zu Frauen erfahren – oder auch darin vermissen!

Da die Begebnisse mit Jesus – wie schon erwähnt – nicht als objektive Geschichtstatsachen berichtet werden – was keineswegs ihre Geschichtlichkeit bestreitet oder widerlegt –, sondern als Glaubensaussage, die das Herz der Hörerinnen und Hörer treffen sollte, spiegelt sich in den Nachrichten über Frauen im Leben Jesu auch zugleich immer, wie Frauen in den urchristlichen Gemeinden lebten und mitarbeiteten – und auch, welches Ideal für die christlichen Gemeinden bezüglich Frauen gelten sollte, nämlich das Vorbild Jesu. Wir haben es also eigentlich sogar mit drei Ebenen zu tun:

– Mit Jesu Verhalten,
– mit der Realität der Urgemeinden und
– mit dem Ideal der Urgemeinden.

Oder anders ausgedrückt: mit dem Anspruch, den das Christentum stellt. Damals – und heute. Auch morgen.

Ich möchte das an dem Schwesternpaar aus Betanien, Maria und Martha, etwas verdeutlichen (ohne in allzu große Einzelheiten zu gehen). Dieses Schwesternpaar und seine Freundschaft zu Jesus begegnet uns bei zwei Evangelisten, bei Lukas nämlich und bei Johannes – auch wenn beide ganz unterschiedliche Begebenheiten erzählen. Gerade das ist ein gutes Indiz, daß diese Gestalten in die historische Jesuszeit gehören. Die beiden Schwestern müssen sehr unterschiedliche Frauen gewesen sein, auch das ist beiden Evangelisten zu entnehmen: Martha wird von beiden als die tatkräftige, gastgebende und den Haushalt führende, die irdischen Dinge realistisch einschätzende (der Leichnam riecht schon), als die aus dem Haus hinausgehende, die impulsiv redende, geschildert – sie legt ja auch das Messiasbekenntnis ab (siehe oben) – Maria dagegen als die zurückhaltende, hörende, die aber das wirklich Wichtige erfaßt, die mutig genug ist, in der Stunde des ‚Kairos' nicht in der Küche zu werken, sondern Jesu Reich-Gottes-Predigt zu lauschen (Lk 10, 38–42) oder Jesu Füße verschwenderisch mit dem kostbaren Nardenöl zu salben (Joh 12, 1–11). Beide Schwestern lieben Jesus, und Jesus liebt beide Schwestern. Aber die beiden Evangelisten haben offensichtlich eine unterschiedliche Vorliebe für die Frauen.

Lukas schätzt wohl mehr die etwas introvertierte, spirituell veranlagte Maria, Johannes läßt in den zwei Begebenheiten, die er erzählt – die Auferweckung des Bruders Lazarus und das Gastmahl im Haus der Geschwister sechs Tage vor dem letzten Paschahfest, wo Martha bedient (keinerlei Tadel!), Lazarus mit am Tisch sitzt und Maria die Salbung vornimmt – Johannes läßt beide zu ihrem Recht kommen. Er scheint zu wissen, daß sowohl die eine wie die andere Veranlagung und

Begabung hilfreich eingesetzt werden kann bei der Ausbreitung des Gottesreiches, bei der Auferbauung von christlichen Gemeinden auch. Ähnlich wie auch heute, gab es dort Frauen, die mehr die äußere Organisation in die Hand nahmen, für die Armen und Kranken sorgten, und andere, die sich eher fürs Lehren und Unterweisen, von Taufbewerbern zum Beispiel, einsetzten, Gottesdienste vorbereiteten, Gebete formulierten. So mag Martha die Leiterin einer Hausgemeinde gewesen sein, die dem Lukas vielleicht etwas zu tüchtig war, während Johannes ihre Tatkraft zu schätzen wußte. Und Maria mag ein tiefes Verständnis dessen, um was es eigentlich bei der Botschaft Jesu ging, immer dann in die Gemeinde eingebracht haben, wenn die Situation es erforderte.

Was uns die unterschiedlichen Frauenberichte der Evangelien auch noch sagen: So wie es zur Jesuszeit Frauen gab, die ihr vorheriges Leben verlassen hatten und Jesus auf seinen Wanderzügen begleiteten wie etwa Maria aus Magdala, und andere, die in ihrem normalen Alltag blieben, ihre Häuser jedoch für Jesus und die Seinen gastfreundlich offenhielten – so hat es wohl in den frühen Gemeinden auch Frauen gegeben, die sich als „Wanderapostelinnen" auf den Weg machten – und eben auch andere, die wie Martha und Maria seßhaft blieben, jedoch ihre Häuser und ihre Habe und vor allem sich selbst mit ihrer Kraft, ihrer Zeit, ihren unterschiedlichen Talenten dem Wachsen christlicher Gemeinden zur Verfügung stellten.

Eines muß jedoch deutlich gesagt werden: Beim Entdecken und Herausheben der Frauenfreundlichkeit Jesu dürfen wir keiner Schwarz/Weiß-Malerei verfallen in dem Sinne, daß Jesus als ‚Feminist' gezeichnet wird auf dem Hintergrund eines schwarz gemalten Judentums. Demgegenüber ist zu erkennen: Jesus war Jude, und auch seine frauenfreundlichen Züge gehören zu seinem Jüdisch-Sein, zu seiner Verwurzelung im jüdischen Glauben. Sein vorurteilsfreies Verhalten gegenüber Frauen läßt allerdings darauf schließen, daß er –

psychologisch gesehen – ein Mensch war, ein männlicher Mensch, der seine eigene Weiblichkeit, die weiblichen Anteile seiner Psyche, voll in seine Persönlichkeitsstruktur integriert hatte. Das darf aber nicht im Gegensatz zu seinem Jüdisch-Sein gezeichnet werden. So wie Jesus zu glauben und zu leben war eine jüdische Möglichkeit! Patriarchalismus ist eine weltweite Erscheinung und nicht dem Judentum anzulasten – dieses ist nur, wie andere Religionen auch, mit hinein verstrickt. An der Überwindung des Sexismus haben alle Religionen und alle Kulturen zu arbeiten (vgl. dazu auch Kapitel 12.)

7. Kapitel

Frauen um Paulus – Paulus und die Frauen

Ist Paulus schuld an der Frauenfeindlichkeit des Christentums?

„Saulus aber versuchte die Kirche zu vernichten; er drang in die Häuser ein, schleppte Männer *und Frauen* fort und lieferte sie ins Gefängnis ein." Die Begebenheit steht in der Apostelgeschichte 8, 3 innerhalb des Abschnitts, der von der Steinigung, Bestattung und Totenklage des Stephanus berichtet. In diesem Zusammenhang setzte eine Verfolgung der Jerusalemer Urgemeinde ein und verursachte ihre Zerstreuung ins Umland. Es handelt sich somit um Frauen der Urgemeinde in Jerusalem der frühesten Zeit. Gleich im nächsten Kapitel ist zu lesen: „Saulus wütete immer noch mit Drohung und Mord gegen die Jünger des Herrn. Er ging zum Hohenpriester und erbat sich von ihm Briefe an die Synagogen in Damaskus, um die Anhänger des neuen Weges, Männer *und Frauen*, die er dort finde, zu fesseln und nach Jerusalem zu bringen." Diese Sätze (Apg 9, 1.2) leiten das sogenannte „Damaskus-Erlebnis" des Paulus ein, das seine Bekehrung auslöste.

Für unseren Zusammenhang ist die zweimalige, ungewöhnliche Betonung „Männer *und Frauen*" interessant, zumal die Frauen – gemäß dem damaligen Sprachgebrauch – auch in den neutestamentlichen Schriften zumeist „Mitgemeinte" waren, wenn da steht ‚Jünger' oder ‚Brüder'. Jedenfalls ist aus diesen Angaben unbezweifelbar abzulesen, daß von allem Anfang an Frauen gleichberechtigt zur nachösterlichen Gemeinde gehörten und Frauen nicht weniger Bedrängnis erlitten als die Männer. Sie waren gleichgestellt bis in die Verfolgungssituation hinein; auch Außenstehende sahen das so. Der ursprüngliche Christenverfolger Saulus/Paulus muß die gläubige Aktivität dieser Frauen und ihre – in seinen damaligen Augen – ‚Gefährlichkeit' als nicht geringer eingeschätzt haben als die der männlichen Anhänger, sonst hätte er die Frauen kaum weggeschleppt und „ins Gefängnis eingeliefert".

Daß das nicht nur für die Muttergemeinde in Jerusalem galt, sondern auch für die im etwa 300 km entfernten Damaskus, zeigt, daß die früheste Ausbreitung des „christlichen Weges" die Frauen voll einbeziehende Praxis Jesu übernommen und weitergeführt hat. Bestätigt wird das durch das, was wir von der ersten Christengemeinde in Rom wissen, wohin das junge Christentum auch schon bald wie ein Same verweht worden sein muß und Wurzeln geschlagen hatte. Jedenfalls wurden römische (Juden-)Christen, die für die kaiserlichen Behörden als Sonderform des Judentums galten, bei der Judenvertreibung des Kaisers Claudius im Jahre 49 mit ausgewiesen. Wir wissen von mindestens zwei judenchristlichen Ehepaaren, die zur Gründergeneration der römischen Gemeinde gehört haben dürften: Priska und Aquila sowie Andronikus und Junia.

Priska und Junia werden, zusammen mit sieben anderen Frauen, in der berühmten Grußliste am Schluß des Römerbriefs erwähnt. Priska oder Priscilla wird auch an anderen Stellen des Neuen Testaments genannt, so Apostelgeschichte 18, 2.18.26 sowie 1 Kor 16, 19 und 2 Tim 4, 19, und zwar fast immer vor ihrem Mann, dem Zeltmacher Avila, was darauf schließen läßt, daß sie für das junge Christentum die bedeutendere war (so z. B., wenn die beiden in Ephesus den redegewaltigen Apollos in ihr Haus, das heißt ihre Hauskirche, aufnahmen und ihm „den Weg Gottes noch genauer" darlegten). Als sie 49 aus Rom vertrieben worden waren, hatten sie in Korinth eine Hauskirche gegründet, die Paulus bei seiner Ankunft dort bereits vorfand (er schloß sich ihnen an, nicht sie ihm!), und als sie mit Paulus nach Ephesus reisten und er weiterzog, auch dort eine. Also, zwei wichtige Stützpunkte. Und sie müssen dem Paulus nach Rom vorausgereist sein, um ihm dort, wo sie zu Hause waren und die Gemeinde und die Verhältnisse kannten, den Boden zu bereiten.

Junia dagegen kennen wir nur aus Röm 16,7. Allerdings: Wenn Sie Ihre Bibel aufschlagen, werden Sie dort „Andronikus und Junias" finden mit dem Zusatz, „die zu meinem Volk gehören und mit mir zusammen im Gefängnis waren; sie sind angesehene Apostel und haben sich schon vor mir zu Christus bekannt". Etwas so Gewichtiges wie „angesehene Apostel" oder nach anderen Übersetzungen „hervorragend unter den Aposteln" sein, was eigentlich einschließt, daß die beiden bei einer Erscheinung des Auferstandenen dabei waren, zum Beispiel vor „mehr als fünfhundert Brüdern auf einmal" oder „allen Aposteln" (vgl. 1 Kor 15,6.7) – das traute man seit dem späten Mittelalter einer Frau nicht mehr zu. So wurde aus dem weiblichen Namen Junia ein männlicher Junias – ein in der Antike sonst nicht belegter Name. Obwohl die Kirchenväter und die Folgezeit sich nicht gerade durch Frauenfreundlichkeit auszeichnen, wurde die Junia bis ins 14. Jahrhundert hinein als weibliche Apostolin angesehen. Chrysostomus (2. Hälfte 4. Jh.) sagt von ihr: „Wie groß muß doch die Weisheit dieser Frau gewesen sein, daß sie für den Titel Apostel würdig gefunden wurde." Es ist vor allem das Verdienst von Bernadette Brooten, in mehreren Arbeiten (z. B. „Junia ... hervorragend unter den Aposteln", in: „Frauenbefreiung ...", hrsg. von *E. Moltmann-Wendel*; vgl. Literaturbericht 2) diese Zusammenhänge wieder aufgedeckt und freigelegt zu haben, die heute auch von angesehenen männlichen Exegeten nicht mehr bestritten werden (vgl. EKK VI/3, Der Brief an die Römer, von *Ulrich Wilckens*).

Was wollen diese Darlegungen sagen?

Wenn wir von ‚Frauen *um* Paulus' sprechen, müßten wir eigentlich zuerst von ‚Frauen *vor* Paulus' sprechen. In dem

„stillen“ Jahrzehnt zwischen seiner Bekehrung und dem Einsetzen seiner missionarischen Tätigkeit im vollen Sinn, also etwa von 35 bis 45, ist Paulus wohl langsam in das Christsein hineingewachsen. Gemäß den spärlich erhaltenen Nachrichten war er nach einer in Arabien verbrachten Besinnungszeit wieder in Damaskus, um 39 ein erstes Mal in Jerusalem, dann in Syrien, in seiner Heimat Cilicien in Kleinasien, in Antiochien, damals eine Weltstadt, in der es schon früh eine blühende Christengemeinde gab. Wo wird er sich jeweils aufgehalten haben? Doch kaum woanders als in den am jeweiligen Ort bereits vorhandenen christlichen Gemeinden, die vor allem in sogenannten ‚Hauskirchen‘ existierten, Hauskirchen, in denen die Frau des Hauses zweifelsohne eine gewichtige Rolle spielte, die gelegentlich sogar von alleinstehenden Frauen gegründet und geleitet wurden (siehe Lydia), waren der Versammlungsort der frühen Christen. Dort wurde über den Glauben gesprochen, wurde gemeinsam gebetet, wurde das heilige Mahl gehalten. Ohne solche festen Treffpunkte, wo das durch missionarische Predigt und Taufe Grundgelegte vertieft und mit dem Alltagsleben in Beziehung gebracht werden konnte, hätte die Begeisterung der Bekehrten vermutlich nicht lange angehalten (ausführlich u.a.: *Hans-Josef Klauck:* Hausgemeinde und Hauskirche im frühen Christentum, Stuttgarter Bibelstudien 103, Stuttgart 1981).

In solchen Hausgemeinden traf Paulus auf das, was für ihn als Pharisäer-Schüler neu gewesen sein muß, was er aber als Christ nun lernen mußte und erfahren durfte: Daß da Frauen eine tragende Säule im Gemeindeleben waren, daß er sich in Glaubensgesprächen mit ihnen austauschen, von ihnen geistlich lernen konnte, daß da die Verheißung des Propheten Joël sich zu erfüllen begann „Eure Söhne und eure Töchter werden Propheten sein“, daß da „nicht mehr Mann und Frau war, sondern einer in Christus Jesus“ – wie eine altchristliche Taufformel sagt, die Paulus später selbst im Brief an die Galater (3, 28) zitiert.

Paulus muß ein Mensch gewesen sein, der einerseits von der Christuserscheinung, *seiner* Ostererfahrung, in seinem Lebensentwurf total herumgeworfen und total ergriffen war, so daß er nur noch dafür lebte und wirkte und am Ende dafür starb – der andererseits aber von seiner Herkunft als Diaspora-Jude aus hellenistischem Umkreis mit römischem Bürgerrecht sowie seiner Schulung bei dem pharisäischen Schriftgelehrten Gamaliel in Jerusalem lebenslang geprägt blieb. Wobei er, was ja öfter vorkommt, offensichtlich eine viel stringentere Haltung einnahm als der als tolerant und weitsichtig bekannte Gamaliel (vgl. Apg 6, 34–39). Dieser hochkomplizierten Mischung von Einflüssen und Erfahrungen ist es wohl zuzuschreiben, daß aus den uns überkommenen Schriften des Paulus gerade bezüglich Frauen so Widersprüchliches zu finden ist, so daß er von vielen für die negative Entwicklung hinsichtlich Frauen verantwortlich gemacht wird.

Bevor wir dieser Frage weiter nachgehen, sollten wir noch bedenken, daß Paulus neben der streng rabbinisch-pharisäischen Theologie auch von den Werken des hellenistischen jüdischen Theologen und Philosophen Philo von Alexandrien (um 13 v. Chr. bis 45 oder 50 n. Chr.) beeinflußt worden sein muß. Philo glaubte jüdisch und dachte griechisch. Er versuchte eine Synthese von Judentum und Hellenismus in dem Sinne: Juden wollte er zeigen, wie man griechisches Denken und griechische Bildung mit dem eigenen Glauben vereinbaren kann; Hellenen versuchte er den Lehrer Mose in der Sprache griechischer Philosophie und Mystik als großen Weisen nahezubringen. Paulus muß von ihm die sogenannte allegorische Bibeldeutung übernommen haben, die wir kaum mehr nachvollziehen können, zum Beispiel die Deutung der Sara/Hagar-Geschichte im Galaterbrief 4, 21–31. Philo hat auch die Beschneidung nicht mehr als Zeichen des Bundes mit Gott gedeutet, sondern als Mahnung zur Eindämmung des Trieblebens verstanden, also leibfeindlich gedeutet. Der jüdische Forscher Isaak Heinemann sagt über Philo: „Auch in seiner Symbolik ist das Weibliche stets das Hinabziehende. Und die Ehe ist ihm reine Zeugungsgemeinschaft, weiter nichts.“ Möglicherweise hat Paulus seine asketischen, eheablehnenden Züge, seine nicht jüdisch, sondern neuplatonisch anmutende Einstellung zu Leiblichkeit, Erotik und Sexualität und damit zur Frau aus jenem hellenistischen Judentum, das Philo repräsentiert (der im übrigen wenig Einfluß auf die weitere Entwicklung des Judentums hatte, jedoch von den Kirchenvätern bis zu den großen christlichen Theologen des Mittelalters stark rezipiert wurde).

Zu beachten ist außerdem, daß die Schriften des Paulus nicht im Sinne einer theologischen ‚Summe‘ verfaßt, sondern Briefe sind, also Gelegenheitsschriften, die auf bestimmte Anlässe oder Anfragen antworten. Die Fragen sind nicht immer leicht zu erschließen, so daß es häufig schwierig ist, die Antwort richtig zu verstehen, ihren Stellenwert in der Gesamtverkündigung des Paulus zu gewichten und ins Heute zu übertragen.

Schauen wir uns darauf einmal seinen ersten Brief an die Korinther an. Im 7. Kapitel spricht er von der Ehe. Er gibt dem Unverheiratet-Sein den Vorzug, läßt jedoch die Ehe als christliche Lebensform gelten, und zwar an dieser Stelle ohne Unterordnung der Frau unter den Mann. Alles, was er hier ‚auferlegt‘, gilt wechselweise und gleicherweise für Mann und Frau. Im 9. Kapitel findet sich dann seine rhetorische Frage: „Haben wir nicht das Recht, eine gläubige Frau mitzunehmen, wie die übrigen Apostel und die Brüder des Herrn und wie Kephas?“ Es ist jene Stelle, die belegt, daß das jungfräulich-zölibatäre Ideal des Paulus von den anderen Aposteln, selbst von Petrus und den sogenannten ‚Herrenbrüdern‘, offensichtlich nicht geteilt und nicht als notwendig für die apostolische Tätigkeit angesehen wurde. Anders als Paulus müssen diese das ‚Mitnehmen einer Frau (Ehefrau?, gläubige Begleiterin?)‘ als dem missionarischen Auftrag nicht hinderlich, vielleicht sogar förderlich, betrachtet und erfahren haben. Paulus stellt das in diesem Zusammenhang auch nicht in Abrede – er stellt es einfach als Gegebenheit fest. Überhaupt ist zu fragen, wieso er eigentlich in dieser Frage nicht ausgewogener argumentiert, wo er doch am Beispiel des ihm befreundeten Ehepaares Priska und Aquila, in deren Haus er phasenweise lebte und in deren Handwerksbetrieb er seinen Lebensunterhalt verdiente, die mit ihm und für ihn reisten, sogar ihr Leben für ihn riskierten, ein missionarisch höchst aktives Ehepaar erlebte. Dabei scheint Priska, die Frau – siehe oben –, sogar die bedeutendere gewesen zu sein; jedenfalls traute der bedeutende evangelische Kirchenhistoriker Adolf von Harnack ihr schon zu Anfang unseres Jahrhunderts die Abfassung des Hebräerbriefes zu (A. v. Harnack: Probabila über die Adresse und den Verfasser des Hebräerbriefs, in: Zeitschrift für Neutestamentliche Wissenschaft 1/1900).

Deshalb muß erstaunen, wenn Paulus im 11. Kapitel schreibt, daß „der Mann das Haupt der Frau" sei und „die Frau Abglanz des Mannes", und eine Hierarchie aufstellt: Gott das Haupt Christi – Christus das Haupt des Mannes – der Mann das Haupt der Frau. Wie mag das auf Frauen wie Priska oder Phoebe, die der Gemeinde in der Hafenstadt Kenchräa vorstand, gewirkt haben? Ob sie es einfach hingenommen haben?

Die uns etwas kraus erscheinende, nicht mehr ganz verständliche Argumentation im gleichen Kapitel um das Tragen einer Kopfbedeckung von Frauen, wenn sie beim Gottesdienst (öffentlich) beten oder prophetisch reden, beweist immerhin: daß Frauen aktiv am Gottesdienst mitwirken – das ist für Paulus ganz selbstverständlich; er wünscht nur, daß sie das für Menschen aus dem Judentum anstößige Zeigen unverhüllter Haarpracht unterlassen. Das Kopftuch kann in diesem Sinn vielleicht sogar als Zeichen der Vollmacht angesehen werden, öffentlich vor der Gemeinde aufzutreten. Seine eigene Beweisführung in der Begeisterung gleichsam selber über den Haufen werfend, schreibt er in Vers 11f.: „Doch im Herrn gibt es weder die Frau ohne den Mann noch den Mann ohne die Frau. Denn wie die Frau vom Manne stammt, so kommt der Mann durch die Frau zur Welt; alles aber stammt von Gott.“ Das klingt wie Gal 3, 28 „... nicht mehr Mann und Frau ...“ (vgl. Kapitel 3).

Um so befremdlicher wiederum, daß er im 12. Kapitel, wo es um die Einheit des Leibes Christi in der Vielheit der Glieder geht, die Gleichstellung der Geschlechter nicht mehr erwähnt, nur die beiden anderen Gegensatzpaare Juden/Griechen und Sklaven/Freie: „Durch den einen Geist wurden wir in der Taufe alle in einen einzigen Leib aufgenommen, Juden und Griechen, Sklaven und Freie; und alle wurden wir mit dem einen Geist getränkt“ (1 Kor 12, 13). Frauen heute, die unter der Zurücksetzung leiden, könnten Paulus den Vers 12, 26 vorhalten: „Wenn darum ein Glied leidet, leiden alle Glieder mit; wenn ein Glied geehrt wird, freuen sich alle anderen mit ihm.“ Auch wäre zu fragen, warum Paulus dort, wo er von der Auferweckung Christi spricht und eine alte Bekenntnisformel wiederholt und erweitert (1 Kor 15, 3–8), nichts davon zu wissen scheint, daß Frauen, allen voran Maria aus Magdala, die ersten waren, denen die Botschaft von der Auferweckung zuteil wurde samt dem Auftrag, dies den männlichen Jüngern zu übermitteln? Weil das Zeugnis von Frauen damals öffentlich nichts galt? Hatte aber nicht gerade Gott auf ihr Zeugnis gesetzt und damit die patriarchalische menschliche Ordnung durchbrochen und aufgehoben?

Warum dies alles so ausführlich?

Nicht um Paulus sozusagen an den Pranger der Frauenfeindlichkeit zu stellen. Das verdient er nicht, denn er hat zweifellos unbefangen und ohne Vorbehalt nicht nur Frauen das Evangelium verkündet, sondern auch mit Frauen zusammengearbeitet. Die ersten, die ihm auf europäischem Boden zuhörten, waren Frauen, und eine davon, die Purpurhändlerin Lydia, ließ sich taufen und gründete in ihrem Haus eine Gemeinde, jene Erstlings- und Lieblingsgemeinde des Paulus, die von Philippi (vgl. Apg 16, 11–15. 40). Das beweist vor allem die Grußliste am Schluß des Römerbriefs, wo er nicht weniger als neun Frauen namentlich erwähnt und ihr „Abmühen", ihr „Sich Plagen im Herrn" mit bewegten Worten würdigt (Röm 16, 1–16). Aber es scheint, als ob er selbst Angst bekommen hätte vor den Konsequenzen der Freiheitsbotschaft an Frauen. Von ihm gilt, daß er seine eigene Weiblichkeit wohl kaum so angenommen und integriert hat wie Jesus. Seine Leibfeindlichkeit und sein häufig apodiktisches Sprechen, sein wenig dialogbereites Gesprächsverhalten hängen vermutlich damit zusammen. Deshalb bleibt als Ergebnis: Der große Paulus ist in der Frauenfrage zwiespältig, mehrdeutig, mißverständlich. Aber erst die Entwicklung nach ihm drängt diese Ansätze in eine für die Frauen eindeutig negative Richtung. Davon im nächsten Kapitel.

8. Kapitel

Schweigen – Schmuck – Schleier

Von der Zurückdrängung der Frauen in der frühen Kirche

„Mulier taceat in ecclesia – Das Weib schweige in der Kirche." Ein Satz, der vielen, die sonst wenig mehr mit Glauben und Kirche zu tun haben wollen, fest im Ohr sitzt und leicht über die Lippen kommt. In dieser lapidaren Kurzform wird er häufig zitiert, gleichsam als Spitze des Eisbergs, um die Frauenfeindlichkeit der Kirche allgemein oder speziell des Paulus zu belegen, von anderen immer noch, um unbequeme Frauen am Reden zu hindern. Vielleicht wurde dieser Satz auch von der einen oder dem anderen im letzten Kapitel, das sich mit dem Verhältnis des Paulus zu Frauen befaßte, vermißt. Denn er steht immerhin in dessen Erstem Korintherbrief, wo sich die Passage nach der Einheitsübersetzung so liest:

„Wie es in allen Gemeinden der Heiligen üblich ist, sollen die Frauen in der Versammlung schweigen; es ist ihnen nicht gestattet zu reden. Sie sollen sich unterordnen, wie auch das Gesetz es fordert. Wenn sie etwas wissen sollen, dann sollen sie zu Hause ihre Männer fragen, denn es gehört sich nicht für eine Frau, vor der Gemeinde zu reden" (1 Kor 14, 33b–35).

Diese Stelle wird nun allerdings von der neueren deutschsprachigen Bibelwissenschaft fast einstimmig als späterer Einschub eines anderen, späteren Verfassers in den ursprünglichen Textzusammenhang des Paulusbriefes betrachtet. Aus folgenden Gründen: Einerseits widerspricht sie direkt Aussagen im gleichen Brief, zum Beispiel 1 Kor 11, wo Paulus ganz selbstverständlich davon ausgeht, daß Frauen im Gottesdienst charismatisch redend auftreten, das heißt verkündigen, und er ihnen dabei aus Schicklichkeitsgründen das Tragen eines Schleiers auferlegt (vgl. 7. Kapitel). Andererseits atmet die Stelle bis in den Wortlaut hinein den gleichen Geist wie einige Passagen in den sogenannten Pastoralbriefen, die erst aus der Wende vom 1. zum 2. Jahrhundert stammen, also die Einstellung der dritten und vierten Generation widerspiegeln und deren Probleme.

Bevor wir uns einigen dieser brisanten Stellen näher zuwenden, ein paar allgemeine Überlegungen zu der ‚Klima-Veränderung' im Verhältnis der Geschlechter gegen Ende des ersten christlichen Jahrhunderts.

Durch den von Jesus gesetzten Impuls und die Geistdurchwirktheit der ersten Gemeinden (vgl. die Kapitel 6 und 7) war die Teilhabe und Mitwirkung von Frauen am urchristlichen Gemeindeleben und der urchristlichen Missionsbewegung möglich geworden, und zwar sowohl in judenchristlichen wie in heidenchristlichen wie in ‚gemischten' Gemeinden. Erst langsam und mühevoll arbeiten feministische Theologinnen wie Elisabeth Schüssler Fiorenza („Zu ihrem Gedächtnis ... Eine feministisch-theologische Rekonstruktion der christlichen Ursprünge" – vgl. Literaturbericht 2a) heraus, daß das Ausmaß der Frauenbeteiligung viel größer gewesen sein muß als die androzentrisch verfaßten und androzentrisch redigierten Quellen bei vordergründigem Zusehen erkennen lassen. Es muß jedoch – die Paulusbriefe deuten es bereits an – doch auch bald Spannungen, Unsicherheiten, Konflikte gegeben haben, zumal die Frauen in den städtischen Gesellschaften des römischen Imperiums – vor allem der begüterten oberen und mittleren Schicht – bereits emanzipatorische Neigungen erkennen ließen, die den Männern vermutlich so wenig behagten und so viel Angst machten wie in unseren Tagen. Jedenfalls fand in den sich festigenden, aber auch verfestigenden Strukturen kirchlichen Lebens gegen Ende des ersten Jahrhunderts eine Zurückdrängung, ja Diskriminierung der Frauen statt.

Die Gründe für dieses Geschehen sind außerordentlich vielfältig – mancherlei kommt da zusammen und bildet ein fast unentwirrbares Knäuel. Vorsicht vor allzu einlinigen Erklärungen ist jedenfalls geboten! – Ein wichtiger Grund dürfte sein, daß der begeisterte und mitreißende Schwung der ersten Generation mit ihrer unmittelbaren Erwartung der Widerkunft des Herrn einer gewissen Ernüchterung Platz machte und die Christinnen und Christen sich auf eine längere ‚Wartezeit' in dieser Welt einrichteten. Sie waren eine winzige Minderheit, der zum Überleben kaum etwas anderes übrigblieb als sich den Strukturen und Lebensformen der sie umgebenden Gesellschaft anzupassen – und die waren eben patriarchalisch geprägt. Wir Heutigen können uns kaum mehr vorstellen, in welchem Maße in der Antike der streng patriarchalisch geordnete Großhaushalt mit dem ‚pater familias' an der Spitze das Leben bestimmte, auch das Leben des/der einzelnen trug und sicherte. Aus diesen Haushaltungen baute sich das Gemeinwesen, die Stadt, der Staat, auf. Wer an dieser Ordnung rüttelte, aus ihr ausstieg, stellte damit die gesellschaftliche, ja die staatliche Ordnung in Frage, konnte leicht als ‚Staatsfeind' erscheinen. Es ist verständlich, daß die Christen diesen Eindruck vermeiden wollten. So wurde die antike Familien- und Haushaltsordnung auch zum Muster für die christlichen Gemeinden, die wir uns auch in dieser Zeit wohl noch weitgehend als Hausgemeinden vorzustellen haben. Aufgaben, die in der Frühzeit spontan von Frauen übernommen und ausgefüllt worden waren, wurden nach und nach zu institutionalisierten Ämtern ausgebaut und ‚selbstverständlich' von Männern übernommen.

Zu dieser Zurückdrängung von Frauen mag beigetragen haben, daß das junge Christentum von der heidnischen Umwelt auch als ‚Weiberreligion' verspottet wurde – wegen der Anziehungskraft, die es auf Frauen ausübte! Hier galten ja auch die unverheiratete Frau und die Witwe etwas, die sonst in der Gesellschaft das Schlußlicht bildeten. Es kann durchaus sein, daß junge Christinnen gar nicht darauf aus waren zu heiraten, und es darum wenig Geburten in den christlichen Gemeinden gab, so daß die Frauen ab der dritten oder vierten Generation ermahnt werden: „Sie (die Frau) wird aber dadurch gerettet werden, daß sie Kinder zur Welt bringt", mit dem Zusatz „wenn sie in Glaube, Liebe und Heiligkeit ein besonnenes Leben führt" (1 Tim 2,15). Das klingt ganz anders als Paulus, der gerade die Unverheiratete, die nur dem Herrn dient, hochschätzte und die ehelose Lebensform, die er auch selbst praktizierte, empfahl! Nachwuchs spielte bei ihm, der das nahe Ende dieser Weltzeit erwartete, keine Rolle!

Ein anderer wichtiger Grund, der die Frauen ins Abseits drängte: Die junge Kirche hatte sich nicht nur gegen Anfeindungen von außen zu verteidigen, sondern mußte auch Spannungen im inneren bewältigen. Gnostische Strömungen suchten in sie einzudringen. Was ist darunter zu verstehen? Das, was Gnosis (Erkenntnis) genannt wird, ist ein weiter, nicht leicht zu erhellender Komplex, ist zunächst eine philosophische Richtung und Grundhaltung gegenüber Welt und Leben. Sehr vereinfachend läßt sich sagen: Gnosis, Gnostiker traten in der Spätantike in vielen Religionen auf und beriefen sich auf tieferes, nur ‚Eingeweihten' zugängliches geistiges Wissen und Erkennen, auf geistig-geistliche Erfahrungen. In bezug auf Jesus wollte ‚christliche Gnosis' einen geheimen Sinn des Lebens Jesu vermitteln. Die Gnostiker vertraten eine dualistische Weltsicht, das heißt, die Wirklichkeit war für sie gespalten in Gut und Böse, Oben und Unten, Licht und Dunkel, schlechte, sterbliche Materie und unsterblicher, guter Geist. Letzteren galt es aus dem Gefängnis des irdischen Leibes zu befreien, und zwar durch eigene Erkenntnis und Askese. Das rechtgläubige Christentum sah dagegen das Heil in der Erlösungstat Jesu Christi und dem Glauben daran – und zwar für alle.

Es ist ein eigenartiges, irgendwie widersprüchliches Phänomen, daß Frauen in gnostisch ausgerichteten Gemeinden mehr Freiräume und Wirkmöglichkeiten hatten. „In der Großkirche kurzgehalten, entschädigen sich die Frauen in den Sekten, wo sie weissagen und taufen" – schreibt Adalbert Hamman in „Die ersten Christen" (Reclam, Stuttgart 1985). Widersprüchlich: Denn die dualistische, auch antijudaistische Grundeinstellung der Gnosis hat die weibliche Leiblichkeit erst recht nicht zu ihrer schöpfungsgemäßen Anerkennung kommen lassen. Die Paradoxie liegt darin: Insofern die Gnostiker der Leiblichkeit gegenüber negativ eingestellt waren, ergaben sich zwei Richtungen: Die eine achtete darauf, daß dem Leib möglichst wenig Einfluß zukam, und war deshalb asketisch, leibfeindlich, sexualfeindlich, frauenfeindlich eingestellt. Frauen mußten sozusagen ‚Männer' werden, ihre Weiblichkeit verleugnen, unterdrücken. – Die anderen sagten: Wenn dem Leib keine Bedeutung zukommt, dann ist es unwichtig, wie man mit ihm umgeht, zum Beispiel im sexuellen Sich-Ausleben. Dann ist es auch unwichtig, ob ein Mann oder eine Frau eine Funktion ausfüllt. Es ist eine große Tragik, daß die rechtgläubigen Kreise gegenüber den Gnostikern zwar wichtige Positionen des jüdisch-christlichen Offenbarungsglaubens verteidigten, so den Glauben an die grundsätzlich gute Schöpfung, an die wahre Menschwerdung Gottes, an die Auferstehung des Leibes, der von der Erlösung nicht ausgeschlossen wird – daß sie aber in der Praxis den jesuanischen und urgemeindlichen Anspruch aufgaben, daß vor Gott und in Christus und also auch in seiner Kirche Frauen und Männer gleichgestellt sein müssen. Dieser christliche Anspruch ist damals, an der Wende vom ersten zum zweiten Jahrhundert und in der Folgezeit, leider in die gnostisch beeinflußten Kreise und in Sekten ausgewandert oder abgedrängt worden.

Erst in unseren Tagen wird diese Paradoxie voll bewußt und der christliche Glaubensanspruch, der eine Diskriminierung von Frauen nicht rechtfertigt, wieder zum Leuchten gebracht. Es ist hohe Zeit (im Sinne von Kairos), daß die Kirche(n) diesen legitimen Anspruch einlösen, damit nicht wieder oder noch einmal viele Frauen ihre religiösen Bedürfnisse und Ansprüche in außerkirchlichen Sinnangeboten wie alten und neuen Sekten, Esoterik, Göttinnenkulten suchen müssen, oder in ein religiöses Niemandsland auswandern und dort geistlich ‚verdursten'.

Die Frauen diskriminierenden Vorschriften der neutestamentlichen Spätschriften lassen sich mit den Stichworten ‚Schweige-Gebot', ‚Schmuck-Verbot' und ‚Schleier-Gebot' bezeichnen und zusammenfassen im ‚Unterordnungs-Gebot' unter den Mann – sowohl in der Ehe wie in der Gemeinde. In dieser sollten Frauen jetzt so wenig wie möglich in Erscheinung treten – sowohl leiblich (kein Schmuck, dafür Verschleierung) wie geistig (nicht reden, nicht lehren). Wer nachlesen möchte – die einschlägigen Bibelstellen sind außer 1 Kor 14,33b–36 folgende: 1 Kor 11,3–16; Eph 5,22–24+33; Kol 3,18.19; 1 Petr 3,1–6; Tit 2,3–5 und besonders 1 Tim 2,8–15. Es ist aufschlußreich, daß kein Wort Jesu für diese Beschränkungen angeführt wird – ganz einfach, weil es ein frauen-diskriminierendes Wort oder Verhalten Jesu nicht gab. Die angegebenen Begründungen für diese Zurücksetzung liegen vielmehr in einer damals gängigen Auslegung der Schöpfungs- und der Sündenfall-Geschichte, die bis heute im Christentum nicht ganz überwunden ist, während sie in der Weiterentwicklung des Judentums kaum eine Rolle gespielt hat. Kurz zusammengefaßt: Die Frau sei als Zweite erschaffen, also dem Mann nachgeordnet, nur der Mann sei Abglanz und Bild Gottes, die Frau habe nur mittelbar, über den Mann, daran teil. Und: Die Frau sei beim Sündigen die Erste gewesen, ja die Einzig-Verführte, sie sei die eigentlich Schuldige, daß die Welt so ins Böse verstrickt und dem Tod verfallen sei. Sie sei die Verführerin des Mannes.

In einer umfangreichen wissenschaftlichen Arbeit (*Max Küchler:* Schweigen, Schmuck und Schleier – vgl. Literaturbericht 1) wurde inzwischen dargelegt, daß diese damaligen Auffassungen zeitbedingt sind und nicht die eigentliche Aussageabsicht der Bibel wiedergeben – so wie sie heute freigelegt ist. Deshalb dürfen diese Auffassungen auch nicht länger die Einstellung gegenüber Frauen bestimmen.

Welch ungeheuere Wirkungsgeschichte diese Auffassungen für die weitere Entwicklung hatten, wird uns im nächsten Kapitel beschäftigen. Jedenfalls liegt in dieser Phase der Umbruch, wo die bis heute nicht überwundene Zurückdrängung der Frauen im Christentum einsetzte.

9. Kapitel

Als Ketzerinnen verleumdet – als Mystikerinnen geduldet – als Hexen verbrannt

Wie sich die Zurückdrängung der Frauen auswirkte

An der Wende vom ersten zum zweiten Jahrhundert setzte eine Zurückdrängung der Frauen ein (vgl. das vorhergehende Kapitel). Von da ab durchzieht eine zwiespältige Haltung gegenüber Frauen die Christentumsgeschichte. Einerseits sind Frauen vollwertige Personen – nie ist jemand auf die Idee gekommen, Frauen von der Taufe, von der Heiligkeit auszuschließen – wenn auch das Verhältnis von heiliggesprochenen Männern zu Frauen etwa 10 zu 2 beträgt. Andererseits konnten Frauen mit der Herausbildung der Ämter ihre Gliedschaft im Volk Gottes nicht im gleichen Maße wahrnehmen wie Männer, die allein die Sakramente verwalteten, Leitungsfunktionen ausübten, Theologie betrieben – mit winzigen Ausnahmen jedenfalls.

Wie weit und wie schnell faktisch die in den Pastoralbriefen (1 und 2 Tim, Tit) faßbare Zurücksetzung der Frauen sich gegenüber der freieren voraufgehenden Praxis durchsetzte, ist eine schwierige Frage. Denn diese Schriften galten ja erst viel später als kanonisch (vgl. Kapitel 3), vermutlich sind sie erst nach und nach überall bekannt und ihr Inhalt anerkannt worden. Jedenfalls übten der christliche Glaube und das Leben in christlichen Gemeinden trotz der bald einsetzenden, in Wellen verlaufenden Verfolgung durch die römische Staatsmacht nach wie vor auf Frauen große Anziehungskraft aus, auch auf solche der oberen Schichten bis hinein in das Kaiserhaus. Es haben ja eine Menge Frauen und junge Mädchen den Märtyrertod erlitten!

Auch ist nicht zu übersehen, daß in den verschiedenen Gegenden der damals bekannten Welt, in der sich das Christentum ausbreitete, also um den ganzen Mittelmeerraum und sein Hinterland, eine bunte Vielfalt von Lebensformen und Lebensverhältnissen anzutreffen war. So ist zum Beispiel das Amt der Diakonin oder Diakonisse, das durch Ordination verliehen und zum Klerus gerechnet wurde, vor allem in den östlichen Gebieten verbreitet gewesen, und zwar bis ins 11. Jahrhundert. Im Westen scheinen Frauen sich eher in Witwen-Gruppen locker zusammengeschlossen zu haben, die jedoch ähnliche Dienste (Vorbereitung von Taufbewerberinnen, Assistenz bei deren Taufe, wahrscheinlich auch Krankenbesuchsdienste u. ä.) übernahmen und dafür von den Gemeinden versorgt wurden, soweit nicht wohlhabende Christinnen ihr Vermögen für die Ermöglichung solch weiblicher Gemeinschaftsformen einsetzten.

Nach der Konstantinischen Wende[1] im ersten Drittel des 4. Jahrhunderts, die mit dem Ende der Verfolgung auch eine Verflachung mit sich brachte, breitete sich die schon vorher, vor allem in Ägypten, vorhandene asketische Strömung weiter aus und ergriff durchaus auch Frauen. Von da aus ist es nicht weit zu Klostergründungen. Die neuere Forschung hat die Gründung von Frauenklöstern um die Mitte oder zweite Hälfte des 4. Jahrhunderts sowohl für den Westen (Rom und Umgebung) wie für den Osten nachgewiesen. Am besten bekannt ist die heilige Makrina (ca. 327–379/80), Schwester der beiden großen östlichen Kirchenlehrer Basilius von Caesarea und Gregor von Nyssa; letzterer hat ihr Leben beschrieben und so ihr Andenken erhalten. Trotzdem verschwand sie im Schatten der berühmten Brüder, obwohl ihr durchaus eigen-

---

[1] Kaiser Konstantin gewährte mit dem sogenannten ‚Toleranzedikt von Mailand' 313 den Christen das Recht auf freie Religionsausübung und bediente sich später der christlichen Gemeinden, um mit ihrem Engagement und ihrem Ethos das große Römische Reich in seinem inneren Zusammenhalt zu festigen. Bischöfe wurden Staatsbeamte, der Sonntag zum Feiertag erklärt.

ständige Bedeutung zuzumessen ist, weil sie unabhängig von männlichen Vorbildern ein weibliches Ordensleben initiierte. Ruth Albrecht konnte das in einer umfangreichen Studie (vgl. Literaturbericht 1) nachweisen, an deren Schluß es heißt: „Durch die Verknüpfung der Gestalt Makrinas, die hier stellvertretend für den Aufbruch des weiblichen Mönchtums steht, mit der Gestalt der Thekla wird deutlich gemacht, daß das weibliche Mönchtum eine Geschichte und Entstehung aufweist, die sich von der Entwicklung des männlichen Mönchtums deutlich abhebt. Das Grundanliegen der vorliegenden Studie war es zu zeigen, daß Frauen von Anfang an an der asketisch-monastischen Bewegung maßgeblich beteiligt waren, und zwar nicht nur als Nachahmende und Imitierende dessen, was ihre Brüder, Väter und Männer ihnen vorbereitet hatten, sondern sie waren selbst diejenigen, die ihren Lebensentwurf formten. Wir finden in den Wüsten und Klöstern des Nahen Orients und des Westens nicht nur eine oder zwei Frauen, sondern viele: ... Der Horizont einer geistlichen Frauentradition, der in der Alten Kirche lebendig war, wird mit diesen Namen sichtbar, die stellvertretend für die vielen ungenannten und namenlosen Schwestern stehen. Der Reichtum dieser bisher kaum beachteten geistlich und geistig selbständigen Frauengestalten konnte ... nur an einigen Stellen aufgezeigt werden. Die volle Entdeckung dieses Schatzes steht noch aus."

Bekannt ist zum Beispiel auch, daß der westliche Kirchenvater und große Bibelgelehrte Hieronymus (ca. 345–420) mit zahlreichen Frauen im Briefwechsel stand. Dabei ging es nicht um Wetter oder Kochrezepte, sondern um theologische Fragen, was den Rückschluß nahelegt, daß diese Frauen theologisch hoch gebildet waren. Eine spätere Zeit hat die Briefadressen in männliche Ansprechpartner umgewandelt!

Mit einigem Erstaunen hören wir vielleicht, daß im frühen Mittelalter, also von etwa 500 bis 1000, Frauenklöster im bereits hoch entwickelten Südfrankreich Horte der Bildung waren, wo sich die Nonnen vor allem der Schreibkunst widmeten und viele alte Texte vor dem Untergang bewahrten. Überhaupt, so weiß die Münsteraner Kirchenhistorikerin Gisela Muschiol zu berichten, galt Bildung bis ins 13. Jahrhundert hinein als weibliche Eigenschaft und fiel in die Zuständigkeit von Frauen. Das änderte sich erst mit der Gründung von Universitäten, die nur Männern offenstanden. Bücher, damals ungemein kostbar, mußten von Müttern an Töchter vererbt werden! Freilich galt das nur für eine dünne Schicht adliger Kreise, die etwa 5 bis 10 Prozent der Bevölkerung ausmachten.

Die im 11. Jahrhunder einsetzende Beginenbewegung (vgl. dazu den im Literaturbericht 3 vorgestellten Sammelband von Johannes Thiele) allerdings öffnete Freiräume auch für Frauen anderer Schichten. Das Beginentum kann als erste Frauenbewegung auf mitteleuropäischem Boden bezeichnet werden; im 14. Jahrhundert erreichte es einen Höhepunkt – allein in Köln hat es über hundert Beginenhäuser gegeben. Die Beginen pflegten einen ganz vom Religiösen geprägten Lebensstil, ehelos, bedürfnislos, gemeinschaftlich, von ihrer Hände Arbeit lebend, ohne Einengung, aber auch ohne Schutz durch Ordensregeln; manche zogen sogar bettelnd durch die Lande. Kirchliche und weltliche Obrigkeit beobachteten sie argwöhnisch. Von mindestens einer, Marguerite Porète, steht fest, daß sie samt einer von ihr verfaßten mystischen Schrift, deren Aussagen sie nicht bereit war zu widerrufen, am 1. Juni 1310 in Paris als „rückfällige Ketzerin“ verbrannt wurde. Elisabeth Gössmann weiß zu berichten, daß das Werk später einem männlichen Mystiker, Johannes Ruysbroek, zugeschrieben wurde und keine Beanstandung fand. Sie vermerkt dazu: „Dies war ein wirkungsvoller Trick, ob bewußt oder unbewußt, Marguerites Werk für die christliche Tradition zu retten, ist zugleich aber ein verräterisches Phänomen: Frauenwerk unter männlichem Autorennamen gewinnt an Autorität. Wie oft mag sich dergleichen noch ereignet haben? Dies wird, obwohl nie restlos klärbar, eine wichtige Frage für theologiegeschichtliche Frauenforschung sein müssen ... Kein Zufall, sondern eine besondere Fügung ist es aber, Ansporn und Ermutigung zur Frauenforschung, daß eine Frau es war (Romana Guarnieri, Italien, 1965, Anm. R.A.), die der rechtmäßigen Autorin ihr Werk zurückgab und uns nun in die Lage versetzt, Person und Werk miteinander zu sehen."

Ketzerei: ein wichtiges Stichwort für das Hochmittelalter. Im Süden Frankreichs, in der Provence, waren die als häretisch betrachteten Bewegungen der Katharer und Waldenser entstanden. Sie übten auf Frauen eine große Anziehungskraft aus. Jedoch hat die neuere Forschung herausgefunden, daß auch in diesen Bewegungen sich bald die Männer durchsetzten und die lehrenden und leitenden Aufgaben übernahmen.

Nicht nur die freieren Beginen, auch die alten und neuen Orden erhielten großen Zulauf von Frauen. Vor allem in den Klöstern der Zisterzienserinnen und Dominikanerinnen entstand ein Phänomen, dem wir nüchternen Menschen des 20. Jahrhunderts uns nur vorsichtig nähern können: die Mystik. Von Hildegard von Bingen im 11. Jahrhundert über Elisabeth von Schönau, Mechthild von Magdeburg und Mechthild von Hackeborn, Gertrud die Große von Helfta, Hadewijch (wahrscheinlich eine Begine, lange Zeit völlig vergessen, jetzt aber als „größte Schriftstellerin der niederländischen Literatur" und „eine der glänzendsten Repräsentantinnen der mittelalterlichen Frauenmystik" angesehen – so Frank Willaert), über Birgitta von Schweden, Caterina von Siena und Dorothea von Montau bis zu Teresa von Avila im 16. Jahrhundert reicht der Bogen – wobei nur die bekanntesten genannt sind. Eine davon ist der Frauenforschung besonders aufgefallen: Juliana von Norwich. Sie lebte als Klausnerin im mittelenglischen Norwich; geboren wurde sie um 1342, gestorben ist sie um 1420. Im Alter von ca. dreißig

Jahren hatte sie Visionen, die sie in einer Kurz- und einer späteren Langfassung „für die Mitchristen“ aufschrieb. Besonders charakteristisch ist, daß Juliana immer wieder von Gottes Mütterlichkeit spricht und vor allem Christus als ‚unsere Mutter‘ bezeichnet – ohne die Männlichkeit des irdischen Jesus anzutasten. Ihre Wiederentdeckung hilft mit, das einseitig männliche Gottesbild aufzubrechen (vgl. Literaturbericht 3).

Noch von vielen herausragenden Frauen wäre zu berichten, angefangen von Helena, der Mutter Kaiser Konstantins, über Monika, die Mutter von Augustinus, Lioba, die Verwandte und Gefährtin des Bonifatius, die ihn, zusammen mit weiteren angelsächsischen Gefährtinnen, bei der Missionierung unserer germanischen Vorfahren unterstützte, über fürstliche Frauen, die häufig als erste zum Christentum übertraten und Ehemann und Volk nachzogen; über Clara von Assisi, die einzige, die dem heiligen Franz wirklich ebenbürtig war, Katharina von Bora, die Frau Luthers – erste in der langen Kette vorbildhafter evangelischer Pfarrfrauen, aber auch Charitas Pirckheimer, jene gelehrte Clarissen-Äbtissin, die sich der Reformation in Nürnberg widersetzte; nicht zu vergessen Angela Merici und Mary Ward, Gründerinnen der Ursulinen bzw. der Englischen Fräulein, die sich beide früh für die Mädchenbildung einsetzten; bis zu theologisch hochgelehrten Frauen, wie die reformierte Protestantin Anna Maria von Schurmann, die sich im 17. Jahrhundert in ihrem Kampf um die intellektuelle und ethische Ebenbürtigkeit der Frau auf zwei Vorgängerinnen berief, die Italienerin Lucrezia Marinella und die Französin Marie de Jars de Gournay, mit denen uns Elisabeth Gössmann wieder bekannt gemacht hat (vgl. ‚Archiv für Frauenforschung‘ im Literaturbericht 1).

Die in diesem Rahmen nur überblickhaft und bruchstückartig durcheilte Geschichte der Frauen im Christentum zeigt, daß Frauen nie völlig geschwiegen haben, daß sie sich „ihre Nischen“ suchten, in denen sie wirken konnten – mal mehr, mal weniger gern gesehen von den „amtstragenden Brüdern".

Diese Geschichte wäre aber bei aller Unvollständigkeit verfälscht ohne Erwähnung jener dunklen Schattenseite, die das Bild verdüstert, ja unheimlich macht: Gemeint ist die über drei Jahrhunderte währende Hexenverfolgung. Sie spielte sich nicht im vermeintlich ‚dunklen Mittelalter' ab, sondern eigenartigerweise in jener Zeit, die mit geistigen Auf- und Umbrüchen wie Humanismus und Renaissance begann und die wir Neuzeit zu nennen gewohnt sind.

Von Vorläufern abgesehen, waren die eigentlichen Auslöser eine Bulle Papst Innocenz' VIII. vom Jahre 1484 und der von den beiden Dominikanern Jacob Sprenger und Heinrich Institoris verfaßte berüchtigte „Hexenhammer" aus dem Jahre 1487, der zusammen mit der päpstlichen Bulle bis 1669 rund dreißig Auflagen erlebte und zum meist verbreiteten Buch der jungen Buchdruckerkunst gehören dürfte. Nach realistischen Schätzungen sind diesem epidemiehaft auftretenden „Wahn" in West-, Mittel- und Nordeuropa, kaum jedoch in Ost- und Südeuropa, in rund dreihundert Jahren zwischen 100 000 und 900 000 Menschen auf grausame Weise zum Opfer gefallen, zu 80 bis 90 Prozent Frauen aller Altersstufen, aller Stände, aller Schichten – junge und alte, vornehme und arme, gebildete und unwissende. Es wird von einer Art Massenwahn gesprochen, und trotzdem waren konkrete Menschen, so gut wie ausschließlich männliche Menschen, dafür verantwortlich als Ankläger, Richter, Folterer, Scharfrichter – so wie auch konkrete Menschen, überwiegend weibliche Menschen, die Opfer waren.

Wer nach Gründen fragt, tut gut daran, sich nicht mit monokausalen, das heißt einlinigen Erklärungen zufrieden zu geben; ein ganzes Knäuel von Gründen und Motiven ist zu entwirren. Wichtige Fäden: Dämonenglauben und Zauberwahn, in der ganzen Antike verbreitet und auch in der Bibel nachweisbar, wurden von Augustinus in die theologische

Spekulation übernommen. Unter dem Eindruck von Häresien[2], die mit ‚Satansdienst' in Verbindung gebracht wurden, verstärkten sich diese Ansichten in der mittelalterlichen Scholastik bis hin zum großen Kirchenlehrer Thomas von Aquin. Dieser war zudem durch die Übernahme aristotelischer Auffassungen von der Minderwertigkeit der Frau überzeugt. Gleichzeitig war im Volk noch viel vorchristlicher Aber- und Dämonenglaube lebendig. Lebendig war aber auch, besonders unter Frauen, ein von Generation zu Generation mündlich weitergegebenes Wissen um Heilkräuter, Heilkräfte, natürliche Heilmethoden – Erfahrungsschätze auch auf dem Gebiet Schwangerschaft, Geburt, Zeugung, Verhütung, auch Abtreibung. Das Heilen war im Mittelalter noch eine Domäne der Frauen, vor allem der sogenannten ‚Weisen Frauen' und der Hebammen. Erst mit dem Entstehen der Universitäten kamen Ärzte auf und nahmen sich nach und nach auch der Gynäkologie an. Es war wohl kaum, wie manchmal behauptet wird, das ausschließlich beabsichtigte Ziel der Hexenverfolgung, dieses weibliche Wissen, das auch Macht bedeutete, auszuschalten, Geburtenregelung damit zu verhindern – aber – wenn auch unbewußt – spielte die Angst vor der Macht von Frauen sicher eine Rolle. Als Ergebnis bleibt, daß der Traditionsstrom dieses Frauenwissens in jenen Jahrhunderten fast unterging. Erst seit einigen Jahren bemühen sich Frauen, dieses ‚Wissen' wiederzubeleben.

Ein weiteres: Wenn es so leicht ist, durch bloße Denunziation Menschen, die einem im Wege sind, aus dem Wege zu räumen, dann sind den niedrigsten Instinkten von Konkurrenzneid, Haß, Mißgunst Tür und Tor geöffnet. Manch lästige Schwiegermutter, ältliche Tante, Magd, die ein Kind erwartete, mag so den Weg zum Scheiterhaufen gegangen sein. Denn aus den Verfahren gab es kein Entrinnen: Wer unter der Folter gestand, war überführt – wer nicht gestand, galt

[2] Von der offiziellen Kirchenlehre abweichende Lehrmeinungen.

erst recht als mit dem Teufel im Bund stehend und wurde verurteilt.

Hexenprozesse fanden übrigens sowohl in katholischen wie protestantischen Landen statt und ebbten erst mit der Aufklärung Ende des 18. Jahrhunderts ab. 1775 wurde Anna Schwegelin in Kempten als letzte Hexe in Süddeutschland verbrannt; 1782 fand in Glarus/Schweiz noch ein Prozeß mit Hinrichtung statt und 1793 in Posen.

Nur wenige hatten es gewagt, wider den Hexenwahn und die unmenschlichen Verfahren zu Felde zu ziehen, so relativ früh Agrippa von Nettesheim (1486–1535), der die These von der Minderwertigkeit der Frau bestritt (1509), sowie sein Schüler Johannes Weyer (1515–1588); der Jesuit Friedrich von Spee (1591–1635) mit seiner ‚Cautio criminalis' (1631), der aus seelsorglicher Erfahrung sich gegen die Praxis der Prozesse wandte und viele zum Nachdenken anregte. Seine Meinung: Erst die Folter schafft die Hexen! Den entscheidenden Durchbruch im Denken leitete erst der Jurist und Philosoph Christian Thomasius (1655–1728) als Vertreter einer frühen, christlich fundierten Aufklärung ein.

Ergebnis war, daß Frauen immer mehr angepaßt an die Wünsche der Männerwelt zu leben hatten – weithin beschränkt auf Küche, Kinder, Kirche, und zwar jede vereinzelt, ohne eine weibliche Solidarität.

Wie eine solche wiederzugewinnen ist, davon im nächsten Kapitel.

10. Kapitel

Bewußtmachen – Aufbrechen – Solidarisch werden

Schritte, die Frauen heute tun können

Stellen Sie sich eines der zahlreichen Pfingstbilder vor, betrachten Sie es genau, lesen Sie dazu aus der Apostelgeschichte:

„Dann (gemeint ist nach Jesu endgültiger Aufnahme in die Sphäre des Vaters) kehrten sie vom Ölberg (...) nach Jerusalem zurück. Als sie in die Stadt kamen, gingen sie in das Obergemach hinauf, wo sie nun ständig blieben: (es folgen die Namen der elf verbliebenen Apostel). Sie alle verharrten dort einmütig im Gebet, *zusammen mit den Frauen* und mit Maria, der Mutter Jesu, und mit seinen Brüdern" (Apg 1,12–14).

Fällt Ihnen etwas auf, wenn Sie Text und Bild vergleichen? Und was? – – –

Die Pfingstbilder der christlichen Kunst vieler Jahrhunderte, die ich kenne, folgen alle einem Grundmuster: Sie zeigen die elf Apostel, gelegentlich auch weitere männliche Jünger, und in ihrer Mitte MARIA, die Mutter Jesu. Die FRAUEN, die im Text der Apostelgeschichte noch *vor* Maria erwähnt sind, die habe ich noch *nie* auf einem solchen Bild entdeckt.

– Wo sind sie geblieben?
– Warum haben spätere Zeiten sie nicht mehr gesehen?
– Was können wir heute tun, um sie wieder ins Bild zurückzuholen?

Antworten auf die ersten beiden Fragen versuchten die vorausgehenden Kapitel zu geben.

Die Antwort auf die dritte Frage gleicht dem heute so beliebten Rubbelspiel: Wir müssen so lange und so intensiv rubbeln, bis die Vorschwestern aus der Hebräischen Bibel, die Frauen der Jesusbewegung, die Frauen der Urgemeinde, die Frauen der frühchristlichen Missionsbewegung aus der Unsichtbarkeit immer deutlicher auftauchen, wieder ins Bild kommen – und mit ihnen wir selbst. Und auch der unüberschaubar lange Zug von Frauen, die in der Christentumsgeschichte gekämpft und gelitten, gebetet und gearbeitet haben, vielfach ins Schweigen, ins Verschwiegenwerden, in die Unsichtbarkeit abgedrängt wurden ...

Es ist wichtig, daß dieser Prozeß gerade am Pfingstbild einsetzt – an jenem Schnittpunkt zwischen Auferstehung, Himmelfahrt und Geistsendung, der die Erinnerung bündelt und bewahrt: Frauen harrten bis zuletzt beim irdischen, am Kreuz hingerichteten und sterbenden Jesus aus; Frauen nahmen als erste wahr, daß der Tod ihn nicht hatte halten können, daß er im Tod den Tod überwunden hatte; Frauen wurden beauftragt, diese Botschaft den ‚Brüdern', den männlichen Jüngern zu überbringen; und – ganz selbstverständlich, aber in den späteren Bildern unterschlagen – Frauen waren dabei, als der Geist Gottes, die in der hebräischen Sprache Jesu weibliche Ruach, die zurückgebliebenen ‚Waisen Jesu' tröstete und stärkte und sie beflügelte, seine Botschaft von der Nähe des Gottesreiches in die Welt hinauszutragen. Eure Töchter werden Prophetinnen sein ... (vgl. Apg 2,17.18 mit dem Zitat Joël 3,1–5).

Der erste Schritt, den Frauen heute tun können, tun sollten, ist der, sich in einen Prozeß der Bewußtmachung zu begeben, sich auf einen Prozeß der Bewußtwerdung einzulassen. Das könnte zum Beispiel bedeuten, sich intensiv mit den in diesem Buch vermittelten Inhalten auseinanderzusetzen, die gegebenen Anregungen aufzugreifen, sich weitere Materialien heranzuholen – sich das anzueignen, was heute als weitgehend gesicherte Einsichten, Erkenntnisse, Ergebnisse der Frauenbewegung, der Frauenforschung, der feministischen Theologie gilt.

Für Frauen, die einerseits wach und kritisch geworden sind, denen andererseits an ihrem christlichen Erbe, ihrem kirchlichen Haus- und Heimatrecht etwas liegt, gehört in diesen Bereich vor allem die Beachtung von *Wirkungsgeschichte*. Was ist darunter zu verstehen?

Gewisse Texte des Alten und Neuen Testaments, aus der Frühzeit der Kirche oder auch aus späteren Zeiten sind enorm wichtig genommen worden. Sie haben das Leben von Generationen von Christinnen und Christen bestimmt und das Nachdenken der Theologen beschäftigt. Dabei sind Texte oft nicht nur überbewertet, sondern auch falsch gewichtet oder fehlinterpretiert worden, das heißt anders als sie im Gesamtzusammenhang der Offenbarung zu deuten wären. Ein Beipiel dafür ist die Urgeschichte, besonders die sogenannte Sündenfallgeschichte, aus denen herausgelesen wurde, die Frau sei als zweite erschaffen worden, aber beim Sündigen die erste und anführende gewesen. Daraus wurde dann ihre Zweitrangigkeit, ihre Unterordnung unter den Mann, ihre Ungeeignetheit für kultische Dienste, für geistige Arbeit, für leitende Funktionen festgeschrieben. (Hinweise, wie diese Texte sachgerecht zu verstehen sind, können den vorhergehenden Kapiteln sowie den Literaturberichten und Buchhinweisen entnommen werden.)

Anderes wieder ist seltsam blaß geblieben, in den Hintergrund getreten, wurde nicht oder nur wenig bedacht oder zitiert, der Großteil der Gläubigen weiß kaum etwas davon. Ein Beispiel ist die Stelle Gal 3,28 „... nicht mehr Mann oder Frau ...“, die lange Zeit ein Schattendasein führte. Weitere Beispiele sind die vielen Frauengestalten des Alten und Neuen Testaments, von denen auch viele Frauen wenig oder nichts oder nur Verzerrtes wußten – etwa Maria von Magdala, die ‚Apostelin der Apostel‘ war, von späteren Zeiten jedoch in die Rolle der schönen, reuigen Sünderin gedrängt wurde; oder die Apostelin Junia aus Röm 16, die sich dieses Titels wegen sogar eine Geschlechtsumwandlung gefallen lassen mußte und in unseren Bibelausgaben noch immer als männlich vorgestellter Junias auf ihre Wiederauferstehung als Frau wartet! Oder das Glaubensbekenntnis der Martha (vgl. Exkurs 6).

Sie brauchen nur einmal die Probe zu machen und sich Rechenschaft zu geben, wovon Ihr gläubiges Denken und Ihr tatsächliches religiöses Verhalten überwiegend bestimmt waren und sind. Und wo Sie, wenn Sie Ihnen unvertraute biblische oder kirchliche Texte oder deren Deutung hören oder lesen, „Aha"-Erlebnisse haben. So erfahren Sie, was Wirkungsgeschichte heißt!

Was hier andeutungsweise beschrieben ist, bedeutet Aufbruch. Aufbruch aus gewohnten Denkmustern und mindestens ebenso aus einem gegen Verletzungen empfindlichen religiösen Gefühlsbereich. Solches Aufbrechen kann, ja es wird Schmerzen, Unsicherheiten hervorrufen – jedenfalls bei Frauen, die bislang unangefochten und relativ zufrieden waren mit ihrer Rolle als Frau allgemein und speziell im religiös-kirchlichen Bereich. „Soll ich mich aus meiner Ruhe bringen lassen?", mag da manche Frau fragen – und für sich hinzufügen „wo es doch ohnehin nicht leicht ist, das Gleichgewicht zu halten". Ja, es ist wirklich eine Gewissensfrage, ob Frau sich aus der Ruhe bringen läßt, die mühevoll gehaltene Balance womöglich ins Wanken kommt ...

„Zeichen erkennen – aufbrechen" – hat sich ein großer katholischer Frauenverband zum Schwerpunktthema gesetzt. „Zeichen erkennen" – das kann bedeuten, in die Ecken zu schauen, in die ich bisher vermieden habe zu schauen. In die Ecken der Geschichte, in denen die stummen und stummgehaltenen Heere von Frauen stehen, die als Mütter, Töchter, Ehefrauen, Geliebte, Witwen, Waisen all das zu ertragen, auszuhalten, abzumildern, auszugleichen hatten, was von der männlichen Hälfte der Menschheit an Lebenzerstörendem angezettelt und angerichtet worden war ... In die Ecken der Christentumsgeschichte, in denen die gefolterten und verbrannten sogenannten Ketzerinnen und Hexen anzutreffen sind; in denen die offene oder versteckte Diskriminierung der jüdischen Schwestern und Brüder von den Anfängen bis heute wie eine schleichende Vergiftung sich eingenistet hat; wo das christliche Liebesgebot nicht verhindern konnte, daß getaufte weiße Menschen – Männer – die Urbevölkerungen in beiden Teilen Amerikas, in Australien auch, fast ausgerottet und schwarze Menschen aus Afrika verschleppt und versklavt und ausgebeutet haben ... In die Ecken der eigenen Umgebung und eigenen Zeitgeschichte, wo vielleicht eine Nachbarin so unter der Aggressivität ihres Mannes leidet, daß sie ins Frauenhaus flüchtet – oder auch nicht flüchtet und weiterhin gute Miene zum bösen Spiel macht; wo möglicherweise schon nebenan ein kleines Mädchen von männlichen Angehörigen sexuell mißbraucht wird; wo an jeder Straßenecke Frauen von der Werbung vermarktet werden; wo Frauen in der Dritten Welt in aller Regel die doppelt und dreifach Unterdrückten und Benachteiligten sind, oft von skrupellosen Menschenhändlern als Prostituierte in die entsprechende Szene unserer Großstädte gelockt werden ...

Ja, es hängt mit dem genuin christlichen Begriff ‚Bekehrung' zusammen, wenn ich als entweder erfolgreich berufstätige Frau oder als Frau, die es mit nettem Ehemann, gut geratenen Kindern und einem angenehmen Freundeskreis, mit Einfamilienhaus im Grünen, Mittelklasse-Wagen vor der Tür und jährlicher Urlaubsreise ganz gut aushalten kann – jedenfalls so lang da nichts Gravierendes, Mich-aus-der-Bahn-Werfendes geschieht – wenn ich da die Augen vor all diesen garstigen Ecken nicht verschließe, sondern hingucke. Und nicht nur distanziert zur Kenntnis nehme, was es da halt – leider – auch so alles gibt, sondern das in mein Herz hereinlasse ... in meinem Herzen bewege (wie Maria das, was ihr gesagt worden war, ‚in ihrem Herzen bewegte'), mein Herz – und mein Handeln – davon bewegen lasse ...

Bei diesem Prozeß kann mir auch aufgehen, in welchem Maße wir Frauen in unserer Kultur auf Individualisierung hin erzogen wurden, ja auf Konkurrenz – kaum dagegen zu Gemeinschaftlichkeit, zu Schwesterlichkeit, zu Solidarität. Patriarchalische Verhältnisse stabilisieren sich gerade dadurch, daß sie Frauen als Vereinzelte in ihr System einbauen, sie gleichsam ‚systemerhaltend' benützen. Feministische Theologinnen sprechen deshalb neuerdings häufiger davon, daß Frauen nicht nur ‚Opfer', sondern auch ‚Mittäterinnen' im Patriarchat sind – wie übrigens viele Männer auch, die sich ähnlich wie Frauen zunächst einmal ohne eigenes Zutun oder Verschulden in dieser patriarchalischen Lebensform vorfinden. Allerdings mit dem Unterschied, daß sie im allgemeinen von dieser Lebensform stärker profitieren, in ihr Privilegien genießen – weshalb es ihnen auch schwerer fällt, sie überhaupt als sündhaft, als nicht gottgewollt zu durchschauen, und es so von ihnen eine noch einschneidendere Bekehrung fordert, an ihrer Überwindung mitzuarbeiten. Frauen wie Männer sind in die strukturelle Sünde Patriarchalismus verstrickt, wenn auch unterschiedlich, und mit unterschiedlicher Wirkung und Betroffenheit.

Bei diesem Bewußtseinsprozeß wird mir auch klar, daß ich Schwestern brauche – und die Schwestern mich brauchen –, um aufbrechen zu können, erste Schritte heraus aus der Vereinzelung zu tun, kleine Erfolge zu erreichen – zum Beispiel in der eigenen Gemeinde darauf hinzuwirken, daß im Gottesdienst eine Frauen-einschließende Sprache gebraucht wird (vgl. Kapitel 2), daß Frauen wenigstens all die Dienste übernehmen können, die heute möglich sind, daß in der Bildungsarbeit etwa Seminare zur feministischen Theologie angeboten werden ...

Bewußtwerdung, die immer Bekehrung einschließt, auch Trauerarbeit, Aufbrechen als Konsequenz daraus, Solidarisch-Werden mit gleichgesinnten Frauen – im Grunde ist das ein einziger zusammenhängender Vorgang. Er könnte auf einen Weg führen, an dessen Ziel eine geschwisterliche Kirche, eine solidarische Menschheit steht. Eine Kirche, auf deren Geistsendungsbildern die Frauen wieder zum Vorschein gekommen sind.

11. Kapitel

MARIA – Trostpflaster für einen männlichen Gott?

Eigen-ständige Frauen und die Mariologie

„Wie gern wäre ich Prister gewesen, um über die seligste Jungfrau zu predigen! Ich hätte vor allem gezeigt, wie wenig wir eigentlich von ihrem Leben wissen. Man dürfte nicht unwahrscheinliche Sachen über sie erzählen. Damit eine Predigt über die seligste Jungfrau Frucht trägt, müßte sie ihr wirkliches Leben aufzeigen, wie das Evangelium es durchblicken läßt, nicht ein ausgedachtes ... Man zeigt uns die seligste Jungfrau unerreichbar, man müßte sie nachahmbar zeigen, verborgene Tugenden übend, man müßte sagen, daß sie wie wir aus dem Glauben gelebt hat ... Man muß so reden, daß die Menschen sie *lieben* können. Wenn man bei einer Predigt über die Mutter Gottes von Anfang bis zum Ende gezwungen wird, vor Staunen nach Luft zu schnappen ... hat man bald genug, und das führt weder zur Liebe noch zur Nachahmung. Wer weiß, ob nicht manche Seele zuletzt sogar bis zu einer Art Entfremdung von einem derart überlegenen Geschöpf getrieben wird?“

Wieder so eine aufmüpfige feministische Theologin, die nicht zufrieden ist mit dem Platz, der ihr zugewiesen ist in der Kirche, die sich aufregt über die Art, wie in Predigten über Maria gesprochen wird, die vorwitzigerweise meint, es selber besser zu wissen und zu können? – Ja und nein. Unter die feministischen Theologinnen wollen wir sie gern zählen – auch wenn sie selbst diesen Begriff wohl noch nicht kannte, aber in ihrem kurzen Leben viel von dem verwirklichte, was heute eine feministische Theologin, eine gläubige Feministin, ausmacht: Immer eigenständiger mit dem überlieferten Glaubensgut umgehen, indem Frau es mit den ureigenen Erfahrungen der je eigenen Umwelt und des je einmalig-eigenen Innern konfrontiert und so in sich etwas wachsen läßt, aus sich heraustreten läßt, was ‚prophetisch reden' genannt werden darf (vgl. Kapitel 5).

Um die Leser/innen nicht länger auf die Folter zu spannen: Obiges Zitat stammt von Therese Martin, besser bekannt als ‚Kleine heilige Therese von Lisieux' (1873–1897), und zwar aus ihrer letzten Lebenszeit (gefunden in: *Wolfgang Beinert:* Unsere Liebe Frau und die Frauen, Verlag Herder, Freiburg 1989, 207 Seiten, und *Wolfgang Beinert:* Maria in der Feministischen Theologie, Verlag Butzon & Bercker, Kevelaer 1988; letzteres im ersteren enthalten). – Thereses Kritik an der gängigen kirchlichen Rede über Maria nimmt einiges von dem vorweg, was Frauen unserer Tage Maria ‚entfremdet' hat: das ‚unerreichbare' Vorbild, das ‚überlegene Geschöpf' – statt ‚ihr wirkliches Leben aufzeigen, wie das Evangelium es durchblicken läßt' ... statt ‚sagen, daß sie wie wir aus dem Glauben gelebt hat'.

Im feministisch-theologischen Reden über MARIA ist als erstes wichtig, die unterschiedlichen, die widersprüchlichen Erfahrungen, die Frauen mit MARIA gemacht haben, von denen sie geprägt sind, vielleicht sich verformt fühlen, andere jedoch getragen und getröstet – ernst zu nehmen, für wichtig zu halten, in jedem Fall stehen zu lassen. Kaum ein anderes Thema fördert so Gegensätzliches zutage – im Zulassen, im Geltenlassen ist da Toleranz gefordert, läßt sich Solidarität einüben, erweitert sich der eigene Horizont um die Erfahrung der Schwestern. Eine junge Frau mit qualifizierter Berufsausbildung machte in einer Diskussion klar, daß für sie Maria keine Identifikationsmöglichkeit böte – jedenfalls so, wie sie sie in ihrer religiösen Erziehung kennengelernt habe: Maria sei ihr zu passiv und zu reaktiv, zu stark auf den ‚großen Sohn' ausgerichtet – sie hingegen müsse und wolle ihr Leben aktiv und eigenverantwortlich in die Hand nehmen; sie wolle ihren Wert nicht über Ehemann oder Kind/er und deren Größe oder Leistung definiert sehen. Außerdem: eine Frau, ein Mensch, deren oder dessen Sexualität so total ausgeblendet sei, wäre für sie ‚nichtssagend' und ‚langweilig'; sie freue sich ihrer vom Schöpfer geschenkten Sexualität und wolle diese nicht verdrängen und verstecken, sondern leben ... Auch wer selbst ganz anders empfindet, ganz andere Erfahrungen gemacht hat, muß wahr und wirklich sein lassen, was die Schwester erfahren hat, wie sie empfindet. Erst auf diesem Boden gegenseitigen Ernstnehmens kann dann positiv gefragt und erarbeitet werden, was MARIA wach und kritisch gewordenen Frauen (wieder) bedeuten kann. Ohne Vollständigkeit anzustreben, sei versucht, wichtige Positionen darzustellen, die von der feministischen Theologie zu MARIA herausgearbeitet worden sind.

Da soll als erstes nicht verschwiegen werden, daß ein Zweig feministischer Theologie eine Berufung auf MARIA radikal ablehnt: „Maria als Urbild der Frauen zu betrachten, heißt, androzentrische Unterordnung zu verstärken" – so Kari Elisabeth Borresen. Oder: „Maria wertet mich als Frau nicht auf, sondern sie verursacht mir Komplexe" (Lucie Stapenhorst). Nach Elisabeth Gössmann dagegen gehört die neue Hinwendung zu MARIA, „die neue Interpretation der Mariologie" zu den wichtigsten Themen feministischer Theologie. Nach ihr ist diese Maria „keine ‚Göttin', sondern ... ein starker Mensch, der Glauben und Entschlußkraft hat und Autorität besitzt, um die ganze Menschheit zu vertreten und das Heilsangebot Gottes wirksam anzunehmen" (aus ‚Die streitbaren Schwestern', vgl. Literaturbericht 2).

Kern-Texte, die von feministischen Theologinnen in unzähligen Varianten betrachtet werden, sind Marias Dialog mit dem Engel bei der Verkündigung, gipfelnd in ihrem ‚Fiat' (Lk 1,26–38), und das Preislied, das Maria bei der Begegnung mit Elisabeth anstimmt (Lk 1,46–55). Im Fiat der

Maria wird die starke, vom Mann unabhängige junge Frau gesehen, die eigenständig entscheidet. Die Frau, die von Gott so ernst genommen und geachtet wird, daß Gott sie – ganz im Gegensatz zu den in Mythen erzählten Götterzeugungen – um ihr Einverständnis fragen läßt. Schon in dieser Szene wird das umstürzend Neue, ja Revolutionäre gesehen, das Maria auch selbst voll erfaßt hat und im Magnifikat zum Ausdruck bringt. Dieses Lied, jahrhundertelang in der Kirche gebetet, im Stundengebet der Nonnen und Mönche Tag für Tag rezitiert oder gesungen, entfaltet in unseren Tagen seine Sprengkraft. Zuerst in der lateinamerikanischen Befreiungstheologie, wo sich die Armen, die Unterdrückten, die Ausgebeuteten, die, die nach Gerechtigkeit hungern und dürsten, darin wiedererkennen, ihr Streben und Kämpfen um bessere Verhältnisse hier anerkannt sehen, Gott auf ihrer Seite wissen. Und ähnlich – eher noch verstärkt – die Frauen, die sich doppelt als die ‚Niedrigen' erfahren, die darauf hoffen, daß Gott sie aus der Unterdrückung erhöht, als die ‚Hungernden', die sich öffnen für das endliche Beschenktwerden mit den Gütern der Erde, die in einer männlich dominierten Welt ihnen vorenthalten werden ...

Für die Frauen ist es eminent wichtig, daß dieses Lied vom revolutionären Umsturz Gottes von einer Frau gesungen wird, einer Frau, die hier prophetisch vorwegnimmt, was ihr Sohn, die ‚Frucht ihres Leibes', in den Seligpreisungen der Bergpredigt ankündigen wird.

Daß Maria ‚Jungfrau' ist, wird in diesem Zusammenhang ganz neu – und gleichzeitig uralt – verstanden als Ganz-Sein der Frau aus sich selbst, von Gott her – Maria eine Frau, die nicht von Mannes Gnaden lebt, sondern von Gottes Gnade erfüllt ist, so erfüllt, daß sie neues, göttliches, geistgewirktes Leben aus sich herausgebiert, der Welt schenkt. Daß das jedoch von den Augen der Welt her gesehen in äußerster Niedrigkeit und Angefochtenheit geschieht, das bringt sie uns wieder schwesterlich nahe – bringt sie vor allem denen schwesterlich nahe, die durch lebensfeindliche Verhältnisse ungerechter Regime, infolge kriegerischer oder bürgerkriegsartiger Zustände selbst in ständiger Gefahr sind und doch immer wieder zum in ihnen wachsenden und gewachsenen Leben ja sagen. Für schutzbedürftiges Leben, das ihnen anvertraut ist, für Leben in umfassendem Sinn sich einsetzen. Maria sah sich in einer Schwangerschaft, die sie möglicherweise des in einer patriarchalen Welt lebensnotwendigen männlichen Schutzes beraubte; während der sie auf Wanderschaft gehen mußte, so daß sie ‚keine Herberge hatte' als ‚ihre Stunde' da war; wo zwar von armen Hirten und fremden Weisen die Gottgeschenktheit ihres Kindes erkannt wurde, die Machthabenden ihm jedoch nach dem Leben trachteten, so daß sie mit ihm in die Fremde fliehen mußte.

Marias Mutterschaft ist ein Symbol von Mutterschaft schlechthin – nicht nur biologisch zu verstehen, sondern als Weitergabe des Lebendigen überhaupt. In der beglückenden Seite ausgedrückt im Bild der jungen Mutter mit dem Kind auf dem Arm, in der schmerzhaften Seite ausgedrückt in der vom Leid gebeugten Frau, die den toten Sohn auf dem Schoß hält. Und dazwischen die Frau, die Mutter, die es – wie alle Mütter – schwer hat, den sich von ihr lösenden Sohn zu verstehen. Die Art, wie Jesus seinen Lebensauftrag anging, muß so anders gewesen sein, als eine von Messiaserwartungen erfüllte jüdische Frau der Zeitenwende es erhofft haben mag ...

Ja, auch das ist wichtig: Maria in ihrer historischen Gestalt war ein *jüdisches* Mädchen, eine *jüdische* Frau – wie übrigens auch alle die Frauen, die Jesus begleiteten, und fast alle, denen er begegnete. Sie alle – Maria eingeschlossen – verbinden uns unauflöslich mit dem jüdischen Volk, mit dem Judentum, mit den jüdischen Frauen in Geschichte und Gegenwart, die als Schwestern zu erkennen noch weitgehend aussteht ... Das Ernstnehmen dieser Tatsache kann uns davor bewahren, antijüdische, antijudaistische Züge in der feministischen Theologie aufkommen zu lassen. (Mehr dazu im nächsten Kapitel.)

MARIA wird in der katholischen Kirche auch als die bekannt, die von ihrer eigenen Empfängnis an ausgenommen ist von der Verstrickung in das allgemeine Sündengeflecht – traditionellerweise Erbsünde oder Erbschuld genannt. Uns Heutigen geht die soziale Dimension der Sünde immer mehr auf – jene sündigen, gottwidrigen Verhältnisse, in denen die Güter der Erde und die Lebenschancen der Menschen ungerecht verteilt sind, die Lügengespinste der Ideologien und der Werbung, die Kainsmentalität des Neides und der Eifersucht, die Gigantomanie, das Alles-Können und auch Machen-Wollen der babylonischen Turmbauer – diese Vorgegebenheiten, in die wir alle ohne unser Zutun hineingeboren und hineinerzogen werden. Kann es da für Frauen nicht eine tröstliche Vorstellung sein, daß Gott gerade einen weiblichen Menschen davon hat unberührt sein lassen? Kann es nicht ermutigen, auch an das Wirken der Gnade in uns zu glauben, den Einsatz für eine bessere, gerechtere Welt nicht als vergeblich zu betrachten?

Und auch das andere: daß dieser weibliche Mensch mit seiner Leiblichkeit, seiner weiblichen Leiblichkeit nach dem Leben in der Zeit in Gänze in die Sphäre Gottes aufgenommen wurde – gleichsam als ‚Angeld' für alle Menschen, als Hoffnungszusage für alle dem Tod Unterworfenen: der Tod ist nicht und hat nicht das letzte Wort.

Feministische Theologie legt besonderen Nachdruck auf die Geistbezogenheit MARIAS. Biblischer Ausgangspunkt dafür ist die lukanische Darstellung: Maria wird durch Geisteinwirkung schwanger, und Maria ist – mit den anderen Frauen – dabei, als die nachösterliche Gemeinde den verheißenen Geist erwartet und am Pfingsttag empfängt. Maria stellte sich zur Verfügung, damit sich Gott in der Gestalt Jesu verleiblichen konnte; in einem vermutlich schwierigen und schmerzhaften Lernprozeß reifte sie von der Mutter zur

Jüngerin ihres Sohnes und geht mit ein in die Leibwerdung der Kirche, wird deren Urbild. Gerade diese Beziehung MARIAS zur dritten Person der Trinität, zur (im Hebräischen weiblichen) Ruach, ist ein zukunftsträchtiger Strang, den eine Theologie von Frauen weiter entfalten sollte zu einer Spiritualität für Frauen: MARIA als Chiffre für den Menschen, in dem Gott ‚Wohnung nimmt', aus dem Gott geboren wird ... Auch die Beziehung MARIAS zur alttestamentlichen Gestalt der Weisheit/Sophia, die vor Gott spielt („... ich war seine Wonne Tag für Tag, war spielend tätig vor ihm zu jeder Zeit, war spielend tätig auf seinem Erdkreis ...", Spr 8, 30f.), wäre darin einzubeziehen; Texte aus der biblischen Weisheitsliteratur wurden und werden ja in der Liturgie von Marienfesten verwendet (zum Beispiel Spr 8 und Sir 24).

Freilich muß feministische Theologie auch den tatsächlichen Mißbrauch solcher Aussagen aufdecken und einem befürchteten Mißbrauch wehren: nämlich, daß sie nicht zur Hochschätzung der realen Frauen und ihrer Gleichstellung in der Kirche geführt haben und noch immer nicht führen, sondern zu ihrer Niedrighaltung.

Die Abwehr und den Abbau dieses Mißbrauchs vorausgesetzt, könnte MARIA von uns immer mehr als die Frau erkannt werden, auf die in besonderem Maße die Joël-Verheißung zutrifft: Eure Töchter werden Prophetinnen sein ... Und als Prophetin könnte sie uns immer mehr Schwester im Glauben werden, deren prophetisches Zeugnis dazu beiträgt, daß aus der (noch) patriarchalisch bestimmten Kirche eine geschwisterliche Kirche wird. Catherina J. M. Halkes, bekannte niederländische feministische Theologin, sagt das so: „Die biblische, befreiende Maria des Magnificat kann Glaubenssymbol für Frauen und Männer werden; aber sie steht zuallererst prophetisch für die Menschwerdung von Frauen und allen anderen Unterdrückten; erst dadurch wird die Menschwerdung Gottes in der Gestalt des leidenden Gottesknechts ernst genommen. Außerdem ist die glorreiche

Muttergottes für unzählige ein religiöses Symbol, das unserem Bedürfnis nach Trost, Geborgenheit und Poesie entspricht. Sie nimmt alle, die Zuflucht zu ihr nehmen, unter ihren Schutz. Das kann sich negativ anhören und kindisch erscheinen; und wenn es bei dieser Einstellung bleibt, wird es das auch. Aber die große Mutter hat noch eine andere Seite: ob es nun um das polnische Tschenstochau oder um das mexikanische Guadaloupe geht, Maria erscheint auch als mächtige und starke Frau, die Menschen gerade nicht klein und auf ihrem (traditionellen) Platz hält; die das Volk nicht seiner Identität beraubt. Im Gegenteil, ihre Gestalt bewirkt gerade, daß Menschen ihr Selbstwertgefühl zurückgewinnen und gegen jene aufstehen, die es bedrohen. Damit steht Maria für Geborgenheit *und* Auftrag, für Trost *und* Aufstand, für Fürsorge *und* Herausforderung. Gerade dann kann sie den mühsamen Weg zu einem neuen Selbst-Verständnis und eine neue Identitätsfindung von Frauen zum Ausdruck bringen" (aus: Die andere Maria – Neue Zugänge, hrsg. von *Johannes Thiele*, Verlag Herder, Freiburg 1987, 72 S.).

Ein Strang feministisch-theologischer Beschäftigung mit MARIA, der so interessant wie umstritten ist, sei nur angedeutet: MARIA als Symbol des Ur-Weiblichen, der Magna Mater (Große Mutter-Gottheit); und in diesem Zusammenhang die Übernahme vorchristlicher Göttinnen-Verehrung in die christliche Volksfrömmigkeit bis zur Umformung von Kultorten, Wallfahrtsstätten u.ä. (in Rom gibt es eine Kirche ‚Santa Maria sopra Minerva', eine Marienkirche über einem Minerva-Tempel; Ephesus, wo der Legende nach Maria gestorben sein soll und wo im 4. Jahrhundert das Theotokos-Dogma (Gottesgebärerin) verkündet wurde, hatte zur Paulus-Zeit noch ein bedeutendes Heiligtum der Astarte (vgl. Apg 19,23ff.) ...

12. Kapitel

Der Gott der Bibel – ein patriarchaler Gott?

Antijudaismus-Diskussion in der feministischen Theologie und ein Versuch, weibliche Komponenten in der jüdisch-christlichen Tradition (wieder) zu entdecken

„Die Theologie der Befreiung, die feministische Bewegung und die jüdisch-christliche Begegnung, werden das geistige Antlitz der Welt von morgen gestalten und verändern." Diese visionäre These äußerte der Luzerner katholische Theologe Clemens Thoma, ausgewiesen als engagierter und erfahrener Teilnehmer am jüdisch-christlichen Dialog, vor einiger Zeit auf einer internationalen Tagung. Er wies auf die Dynamik dieser drei Strömungen hin, die darin übereinstimmten, daß sie bestehende Unrechtsstrukturen kritisierten.

Faktisch ist jedoch festzustellen, daß – zumindest hierzulande – jüdisch-christlicher Dialog und feministische Theologie bis vor kurzem unverbunden nebeneinander herliefen: Der erstere wurde auf christlicher wie auf jüdischer Seite so gut wie ausschließlich von Männern geführt; feministische Theologinnen waren daran nicht beteiligt. Das änderte sich Mitte der achtziger Jahre mit dem sogenannten Antijudaismus-Vorwurf an die Adresse feministischer Theologie. Was ist unter Antijudaismus zu verstehen?

Antijudaismus ist der dunkle Schatten von zweitausend Jahren christlicher Theologie und kirchlicher Praxis. Seine Wurzeln liegen – leider – schon im Neuen Testament. Er ist auch eingegangen in Denkbewegungen, die sich vom Christentum emanzipierten. Antijudaismus ist versteckter, eingeschliffener, schwerer zu erkennen (vor allem bei sich selbst), schwerer auch zuzugeben und so noch schwerer aufzuarbeiten als Antisemitismus. Ohne christlichen Antijudaismus hätten aber weder die Judenpogrome des Mittelalters und der Neuzeit stattfinden, noch der rassistische Antisemitismus des 19./20. Jahrhunderts, der zu Auschwitz führte, sich entwickeln und auswirken können. Der Antijudaismus lähmte im Innern des Christentums die Widerstandskräfte, die sich eigentlich dem Antisemitismus und dessen Menschenverachtung hätten entgegenstellen müssen. Antijudaismus kann und darf deshalb aus dem Komplex, wie es zur ‚Schoah', zur Vernichtung der europäischen Judenheit, hatte kommen können, und wie die Nachgeborenen mit dieser Erblast leben sollen, nicht ausgeklammert werden. Auch die ‚Gnade der späten Geburt' dispensiert davon nicht. So erkennen gerade junge Theologinnen, daß sie sich vor diesem schweren Erbe nicht drücken dürfen, daß sie nicht eine Theologie vorbei am Kontext der jüngeren deutschen Geschichte treiben können, sondern diesen Horizont im Blick behalten müssen.

Warum und wo ist dieser Konflikt gerade in der feministischen Theologie aufgebrochen?

Es sind zwei Knotenpunkte, an denen diese Frage zum Vorschein kam. Im matriarchal ausgerichteten Feminismus, für den die jüdisch-christliche Überlieferung hoffnungslos patriarchalisch verseucht erscheint und der deshalb eine nachchristliche Spiritualität zu entwickeln sucht unter Rückgriff auf in vorgeschichtlichen Zeiten zu ortende matriarchale Lebensformen und entsprechende Göttinnenmythen, wird die Entwicklung zum Monotheismus in Israel mehr oder minder deutlich zum patriarchalen Sündenbock gestempelt. Aber auch im christlich-feministischen Umgang mit der Hebräischen Bibel kommt die Tragik in den Blick, die darin liegt, daß die Entwicklung hin zum Monotheismus um den Preis der Zurückdrängung des Weiblichen, sowohl im symbolischen Bereich wie der konkreten Frauen, erkauft wurde. Die zweitausendjährige christliche Auslegung des Alten Testaments hat diese Tendenz zum einseitig männlichen Gottesbild eher noch verstärkt (vgl. hierzu auch die Kapitel 3, 4 und 5).

Der andere Knotenpunkt kann mit dem Stichwort ‚Jesus, der Feminist' umschrieben werden. Gemeint ist die sehr subtile Versuchung, auf dem Hintergrund eines undifferenziert schwarz gemalten Judentums die Gestalt Jesu als eines Frauenfreundes hell abzusetzen. Dabei wird vergessen, verschwiegen, verwischt, daß Jesus als Mensch Jude war und auch seine unbezweifelbar frauenfreundlichen Züge aus seinem Jüdisch-Sein erwachsen sind. Auch sie müssen redlicherweise in sein Jude-Sein integriert bleiben und dürfen nicht daraus abgespalten werden, um sie sozusagen auf die Haben-Seite des (nicht-jüdisch gedachten) Christentums zu buchen – das im übrigen sehr schnell und bis heute in patriarchalische Muster zurückgefallen ist (vgl. hierzu auch die Kapitel 6, 7, 8). Es gibt inzwischen Untersuchungen darüber, daß das Judentum zur Zeit Jesu und des Urchristentums insgesamt und speziell, was die Stellung der Frauen betrifft, breiter gefächert war, als gemeinhin angenommen wird. Vor allem die amerikanische feministische Theologin Bernadette Brooten hat auf diesem Gebiet bahnbrechend gearbeitet. Unzulässig ist vor allem das Verfahren, einzelne rabbinisch-talmudische Aussagen vom Kontext gelöst und aus einer wesentlich späteren Zeit, die eher mit zeitsynonymen Aussagen von Kirchenvätern zu vergleichen wären, der Haltung und den Worten Jesu polemisch gegenüberzustellen. Es tut der Hingezogenheit von Frauen zur Jesusbewegung und zu den Urgemeinden keinen Abbruch, wenn sich herausstellt, daß auch im zeitgenössischen Judentum Frauen positive religiöse Lebens- und Wirkmöglichkeiten finden konnten – beispielsweise vereinzelt sogar Vorsteherinnen von Synagogen waren –, also eine Alternative hatten, und so ihr Bekenntnis zu Jesus beziehungsweise zur Gemeinde der Christen ein freies war. Jüngstes Beispiel für die unkritische Zeichnung eines solch antijudaistischen Jesus-Bildes mit einem entsprechend antijudaistischen Bild seines ‚mütterlichen' Abba-Vaters in Absetzung von einem angeblich nur richtend-rächenden alttestamentlich-jüdischen Gott Jahwe ist leider auch – von anderen Einwänden abgesehen – das populär geschriebene Buch „Jesus, der erste neue Mann" von Franz Alt.

Sensibilisierung für solche Fragen und ein Weiterkommen in der Arbeit, Patriarchalismuskritik zu üben an der jüdisch-christlichen Tradition *ohne* – ungewollt – einem alt-neuen Antijudaismus, einer Art ‚Marcionismus[1] in feministischem Gewand' aufzusitzen – das ist am ehesten möglich im fairen Dialog mit Jüdinnen, mit jüdisch-feministischen Theologinnen. Daß es solche gibt, das ruft bei den meisten Menschen hierzulande ungläubiges Erstaunen hervor. Wenig bekannt ist auch, daß im modernen Judentum, vor allem in USA und England, seit Anfang der siebziger Jahre auch Frauen zu Rabbinerinnen ausgebildet und ordiniert werden. Auch daß in vielen jüdischen Reform-Gemeinden die Trennung zwischen Frauen und Männern im Synagogenraum aufgehoben wurde und Frauen mitgezählt werden für das Zustandekommen eines ordnungsgemäßen jüdischen Gottesdienstes. All das paßt nicht ins festgeschriebene Bild patriarchalischen Judentums! Aber: Judentum ist nicht starr und hat viele Strömungen, und manche greifen die Fragen der Zeit mutig auf und suchen sie immer neu aus der eigenen Tradition heraus zu beantworten. Nur: hier in Deutschland gibt es eben kaum solche Gesprächspartnerinnen – und genau da holt uns wieder die Ausrottungsgeschichte der deutschen, der europäischen Judenheit ein ...

Es spricht für die Lebendigkeit und die Bedeutsamkeit feministischer Theologie, daß in unseren Tagen gerade an ihr und in ihr diese fundamentale, diese schmerzliche Frage des Antijudaismus aufgebrochen ist. Die Art, wie feministische Theologinnen offen daran arbeiten, diesen bis an die Wurzeln

---

[1] Marcionismus = nach Art des Marcion (ca. 85–160), frühchristlicher Irrlehrer, der das Alte Testament und dessen ‚Gott' aufgab und die neutestamentlichen Schriften ‚entjudaisierte'. Im Gegenzug trieb die Großkirche die Kanonbildung (Festlegung, was als Heilige Schrift zu gelten hat) voran.

des Christentums gehenden Krebsschaden aufzudecken und zu überwinden, wird die Zukunftsträchtigkeit feministischer Theologie ausmachen. Ihr eigener Anspruch, eine umfassend befreiende und befriedende Theologie zu sein, die Glaubwürdigkeit ihres eigenen Ethos, hängen daran (vgl. dazu auch Literaturbericht 4).

Nachfolgend sei der Versuch gewagt, mit der Vorstellung von drei weiblich bestimmten Begriffen, die dem Normalchristen leider kaum bekannt sind, darzutun, daß die Hebräische Bibel (und das Judentum) im göttlichen Bereich keinesfalls so einseitig männlich orientiert ist (sind), wie es dem oberflächlichen Blick erscheint.

Ruach – Schechinah – Chochmah: Dreigestirn am ‚weiblichen' Himmel

Auf der Suche nach weiblichen Vorstellungen und Identifikationsmöglichkeiten im Gottesbild, im Bereich des Religiösen überhaupt, ist feministische Theologie auf drei Begriffe gestoßen, hat auf sie aufmerksam gemacht:
Ruach (Ruah) als Geist Gottes
Schechinah als Einwohnung Gottes und
Chochmah als Weisheit Gottes –
im Hebräischen alles weibliche Wortbedeutungen, weibliche Begriffe.

Zunächst zur *Ruach:*

Der Begriff kommt in der Hebräischen Bibel rund vierhundertmal vor, und zwar mit ganz wenigen Ausnahmen als weiblicher Begriff. Er hat eine große Bedeutungsbreite von Wind/Sturm/Hauch – Atem/Lebenskraft – Geist des Menschen/Prophetische Kraft – Gottes Schöpfungskraft/Gottes Geist. Diese Bedeutungen sind nicht scharf voneinander zu trennen, sondern gehen ineinander über, ergänzen und erläutern sich gegenseitig. Gleich in den ersten Sätzen der Hebräischen Bibel, im sogenannten priesterschriftlichen Schöpfungsbericht, kommt der Ausdruck vor: „Im Anfang schuf Gott Himmel und Erde; die Erde aber war wüst und wirr, Findernis lag über der Urflut, und ‚ruach elohim' – Gottes Geist – schwebte über dem Wasser" (Gen 1, 1–2).

Das auf ‚ruach elohim' folgende Verb kann mit ‚schweben' oder ‚flattern' übersetzt werden – jedenfalls sagt es an, daß die Ruach Gottes in Bewegung ist – auch die Vorstellung von einer großen Vogelmutter, die hütend und ordnend, vielleicht sogar brütend, über einem Nest flattert oder schwebt, ist möglich. Jedenfalls – ein Bild für die weiblich gedachte göttliche Lebens- und Schöpfungskraft. Die Ruach ist immer bewegt. „Es gibt im ganzen Alten Testament keine untätige, unbewegliche ruah!" – schreibt die Kasseler Alttestamentlerin Helen Schüngel-Straumann in einer Studie zu Ruah (in: Feministische Theologie – Perspektiven zur Orientierung, hrsg. von Maria Kassel, vgl. Literaturbericht 4).

Ruach ist auch der göttliche Lebensodem, der den Menschen belebt und der erst im Tode von ihm weicht. So heißt es im Psalm 104: „... nimmst du ihre Ruah hin, so verscheiden sie und werden zu Staub. Sendest du deine Ruah aus, so werden sie geschaffen und du erneuerst das Angesicht der Erde." – Auch in der großartigen Vision des Ezechiel von der Wiederbelebung des toten Volkes, gemeint ist die Wiederbelebung Israels aus dem und nach dem Exil, ist es die Ruach, die die Erschlagenen wieder lebendig werden läßt. In diesem Text wird auch die Bedeutungsbreite des Begriffs sichtbar: nicht nur physische Lebenskraft ist gemeint, sondern ‚Erkenntnis Gottes' wird verheißen, Einsicht in das, was zu tun ist, und Mut und Schwung dazu: Die göttliche Ruach eröffnet dem Menschen neue Möglichkeiten, inspiriert, begeistert ihn, treibt ihn zum Guten an, überwindet das Träge, Faule, Schlaffe – – – so kennen wir den verheißenen Tröster, den Pfingstgeist, den ‚Beistand' (vergleiche die Pfingst-Sequenz!), der aber in ihrem Sprachgebrauch und in unseren Denkvorstellungen ein männlicher Geist geworden ist!

Was ist geschehen?

Die weibliche Ruach der Hebräischen Bibel wurde in der griechischen Übersetzung der alttestamentlichen Schriften im dritten vorchristlichen Jahrhundert, der sogenannten Septuaginta, die auch von den Christen der ersten Jahrhunderte benutzt wurde, mit dem griechischen Ausdruck ‚pneuma", das sächlich ist, wiedergegeben. Dieses neutrale ‚pneuma' kommt dann etwa 375mal im Neuen Testament vor, in einem ähnlichen Bedeutungsreichtum wie Ruach, aber auch mit bemerkenswerten Akzentverschiebungen. Jedenfalls verblaßt mit diesem Neutrum der weibliche Erfahrungszusammenhang und verschwindet ganz bei der Übersetzung ins männliche ‚spiritus' des Lateinischen. Diesen Spiritus Sanctus kennen wir als Heiligen Geist, als dritte Person der Trinität. Die wenigsten heutigen Christen verbinden damit eine weibliche Vorstellung. Eine der wenigen Ausnahmen ist die Dreifaltigkeits-Darstellung von Urschalling am Chiemsee aus dem 14. Jahrhundert, wo Gottvater als ältere männliche Gestalt, Gottsohn als jüngere männliche Person dargestellt ist, und in ihrer Mitte, beiden gleichsam entwachsend und beide verbindend, der Heilige Geist als eindeutig weibliche Gestalt. Oder die wohl singulär dastehende Meinung des Grafen Zinzendorf, der bereits um 1750 für seine „Brüdergemeine" auf das „Mutteramt des Heiligen Geistes" verwies, das durch das Lehren von Frauen zum Ausdruck gebracht werden müsse: „Seitdem die Schwestern nicht mehr reden ... ist uns ein Kleinod verloren gegangen" (vgl. *Jürgen Roloff:* Der erste Brief an Timotheus, EKK, 1988). Diese weibliche Dimension des Geistes müßte erst wiedergewonnen werden, und da setzt feministische Theologie an. Viele feministische Theologinnen schreiben darüber, so Helen Schüngel-Straumann im oben erwähnten Essay, Catharina Halkes in „Gott hat nicht nur starke Söhne" oder Elisabeth Moltmann-Wendel in „Das Land, wo Milch und Honig fließt" – um nur einige zu erwähnen (vgl. auch Literaturbericht 2).

Noch viel unbekannter dürfte für die meisten der Begriff der *Schechinah* sein. Was ist damit gemeint?

Der weibliche Begriff Schechinah (oder Schekina) geht auf die hebräische Wortwurzel für ,wohnen' zurück. So wird mit Schechinah die Einwohnung Gottes, die Anwesenheit Gottes in der Welt, im Volk Israel, in der Menschheit, im einzelnen Menschen bezeichnet. Die weibliche Vorstellung also für Gottes Immanenz, seine Zugewandtheit zu Welt und Menschen, zur Schöpfung schlechthin – während die Transzendenz Gottes männlich gedacht wurde. Das Wort selbst kommt in der Hebräischen Bibel noch nicht vor, es wurde erst von jüdischen Rabbinen des zweiten und ersten vorchristlichen Jahrhunderts benutzt – wohl aber ist das, was mit Schechinah gemeint ist, an zentralen biblischen Aussagen zu belegen. Von der jüdischen Mystik wurde zum Beispiel der ,brennende Dornbusch', durch den Gott dem Mose seinen Namen kundtat, als seine Schechinah verstanden. Und ebenso ,Feuer' und ,Wolke', die den Offenbarungsberg Horeb umhüllten. Auch die ,Wolke', die bei der Wüstenwanderung auf dem Offenbarungszelt lag beziehungsweise vor dem Volke herzog. Später ist die Schechinah im Jerusalemer Tempel, noch später in den Synagogen, ja bei den Gerechten selbst!

Auch im Neuen Testament kommt der Ausdruck selbst nicht vor, wohl aber das, was damit gemeint ist. Wenn es in der Verkündigung an Maria (Lk 1, 35) heißt: „... die Kraft des Höchsten wird dich überschatten ...", so wird hier dasselbe Wort verwendet wie in der Septuaginta für Jahwes Schechinah-Herrlichkeit im Offenbarungszelt (Ex 40, 35). Die weibliche, der Welt und Menschheit zugewandte Seite Gottes hat zentrale Bedeutung beim Inkarnationsgeschehen!

Auch in der neutestamentlichen Briefliteratur taucht die Schechinah-Vorstellung auf, immer da, wo wie Röm 6, 4 gesprochen wird: „... durch die Herrlichkeit des Vaters von den Toten auferweckt ...", oder Hebr 1, 3: „Christus, der Abglanz seiner Herrlichkeit", oder 1 Petr 4, 13: „... denn so könnt ihr auch bei der Offenbarung seiner Herrlichkeit voll Freude jubeln", oder 2 Kor 4, 6, wo es heißt: „... daß wir erleuchtet werden zur Erkenntnis des göttlichen Glanzes auf dem Antlitz Christi."

Wenn Jesus immer wieder davon spricht „Das Reich Gottes ist nahe" oder „ist in euch" oder „ist mitten unter euch" – dann entspricht auch das der Anwesenheit Gottes in der Schechinah. Auch das Johannesevangelium ist voller Anspielungen auf die Schechinah-Herrlichkeit. Sagt es doch gleich zu Beginn: „... denn das Wort ist Fleisch geworden und hat unter uns *gewohnt* ..." Das will sagen, der Leib Jesu ist der Platz der vollständigen Einwohnung Gottes in der Welt, der Leib Jesu ist der Tempel, in dem die Herrlichkeit Gottes bei den Menschen wohnt.

Für die jüdische mystische Frömmigkeit begleitet die Schechinah Israel ins Exil, als weibliches Bild, das Gottes erbarmende Gegenwart vermittelt. Und jeder Sabbat ist das Fest der Umarmung Gottes mit seiner Schechinah als Vorwegnahme der endzeitlichen Ganzheit. Die Schekina wird hier auch „wie die kosmische, versöhnende Erdseite Gottes" (Elisabeth Moltmann-Wendel) gesehen, die anwesend bleibt, wenn Gott im Zorn sich abwendet. Jüdische feministische Theologinnen wie z. B. Judith Plaskow knüpfen an die Schechinah-Überlieferung an, um die weibliche Dimension Gottes zum Ausdruck zu bringen! Und auch für Christ/inn/en wäre es heilsam, diese weibliche Dimension der Gottheit, wie sie in der Schechinah-Vorstellung der jüdisch-christlichen Offenbarungstradition vorgegeben ist, wieder ins Bewußtsein zu heben, um so das einseitig männliche Bild von Gott zu korrigieren. (Vgl. zum Ganzen: Virginia R. Mollenkott: Gott, eine Frau – vergessene Gottesbilder der Bibel, siehe auch Literaturbericht 2.)

Um das weibliche Dreigestirn vollzumachen, nun zu dem Begriff – oder auch der Gestalt – der *Chockmah*, griechisch Sophia, in unserer Sprache Weisheit, lateinisch Sapientia. Überlegen Sie einen Moment, ob und woher Sie sie kennen. – Katholischen Christen sind weisheitliche Texte vielleicht am ehesten aus der Liturgie bekannt, und zwar der Liturgie von Marien-Festen. In einer vorkonziliaren Ausgabe des Schott ist für ‚allgemeine Marienfeste' die Lesung aus dem alttestamentlichen Buch Jesus Sirach, Kapitel 24, zu finden:

„Im Anfang und vor aller Zeit ward ich erschaffen und werde bis in alle Ewigkeit nicht aufhören; in der heiligen Wohnung diente ich vor ihm. Und so bekam ich eine feste Wohnung auf Sion, in der heiligen Stadt einen Ruheort, und ich herrschte zu Jerusalem. Ich faßte Wurzel bei einem geehrten Volke, bei dem Anteile meines Gottes, der sein Erbe ist, und in der Gemeinde der Heiligen ist mein Aufenthalt."

Von wem ist hier die Rede? Ursprünglich natürlich nicht von Maria, sondern von der Weisheit, der Sophia, der Chochmah (oder Chokma). Dieser Text, und noch andere aus der sogenannten Weisheitsliteratur, wurden in christlicher Zeit auf Maria übertragen. Ob das angemessen war, darüber kann man streiten (vgl. den einschlägigen Beitrag von Helen Schüngel-Straumann in: Maria – für alle Frauen oder über allen Frauen?, hrsg. von Elisabeth Gössmann und Dieter R. Bauer, Verlag Herder, Freiburg 1989). Ich war immer fasziniert, wenn ich durch die Liturgie mit solchen Texten bekannt und langsam vertraut wurde, die mir sonst seinerzeit kaum vor Augen gekommen wären.

Die Hebräische Bibel setzt sich bekanntlich aus drei großen Blöcken zusammen: der Thora, den Propheten und den sogenannten ‚übrigen Schriften' (Ketubim). Zu letzteren gehört vor allem die Weisheitsliteratur. Sie entstand hauptsächlich in der nachexilischen Zeit. Dazu zählen: das Buch Ijob, das Buch der Sprüche, das Buch der Weisheit, das Buch Jesus Sirach sowie das Buch Prediger (oder Kohelet). Auch einige späte Psalmen atmen ausgesprochen weisheitlichen Geist. Besonders signifikante Texte sind Sprüche 8 und Jesus Sirach 24, das sogenannte ‚Lob der Weisheit'. In diesen aus hellenistischer Zeit stammenden jüdischen Texten wird die Weisheit als himmlische Figur dargestellt. Die Alttestamentlerin Silvia Schröer, die der Weisheit eine Studie („Der Geist, die Weisheit und die Taube", in: Freiburger Zeitschrift für Philosophie und Theologie [Freiburg/Schweiz] 33/1986) gewidmet hat, sagt zusammenfassend von ihr: „Sie ist präexistent, nimmt an der Schöpfung teil, lebt in enger Verbindung mit Gott und sucht den Aufenthalt unter den Menschen ... Sie ist Mutter, Ehefrau, Liebhaberin und Geliebte, Jungfrau und Braut. Bisweilen heißt es, sie sei jetzt verborgen und unzugänglich; nach anderen Texten ist sie bei denen zu finden, die sie suchen und die zu den Erwählten gehören. Wieder eine andere Vorstellung besagt, daß die Weisheit ihren Rastplatz in Israel und Jerusalem gefunden habe."

Die Vorstellung von der Weisheit ist außerordentlich facettenreich, mal ist sie eine eigene Gestalt, mal erscheint sie eher als die weibliche Seite der Gottheit. Bekannt war die Weisheit im gesamten vorderorientalischen Raum, und diese Vorstellungen, vor allem die ägyptische Weisheitsgöttin Maat, haben auch die biblischen Schriftsteller beeinflußt, und doch hat die Chochmah Israels ihr ureigenstes Gesicht: Sie ist verwurzelt in der Bindung an Gott Jahwe.

In bezug auf die Menschen ist Chochmah/Sophia die Rat-Geberin: sie befiehlt nicht, sie rät, das heißt appelliert an die Einsicht der Menschen. Sie droht nicht mit Rache oder Strafe, aber zeigt die Konsequenzen falschen Verhaltens auf: „Wer mich verfehlt, der schädigt sich selbst, alle, die mich hassen, lieben den Tod." In unserer Sprache: Wer meinen Rat nicht annimmt, verhält sich nekrophil (todessüchtig). Denn die Weisheit dient immer und überall dem Leben. Die vielen Naturvergleiche und Naturmetaphern weisen auf ihre starke Verbundenheit mit der Schöpfung hin. Die Weisheitstheologie könnte uns auch viel zu einem schöpfungsgemäßen Verhalten sagen – wir müßten nur hören!

Sophia ist weder eine rein irdische noch eine rein himmlische Gestalt, sie durchdringt alles. Dem Menschen möchte sie zuinnerst nahe sein, in ihm wohnen und wirken; sie drängt sich jedoch nicht auf, der Mensch bleibt frei, sie und ihre Gaben und ihren Rat anzunehmen oder zurückzuweisen.

So ist es gar nicht erstaunlich, daß die frühen Christen in Jesus die Weisheit wohnen sahen. Das kann man an der Art, wie die Synoptiker ihn verstanden, aufzeigen, das leuchtet an vielen Stellen der paulinischen und deuteropaulinischen Briefe auf. So heißt es zum Beispiel Kol 1,16: „In ihm (Christus) ist alles, was in den Himmeln und auf Erden ist, erschaffen worden." Wenn man im Johannesevangelium überall da, wo der männliche Begriff ‚Logos' (Wort) steht, einmal den weiblichen Begriff ‚Sophia' (Weisheit) setzt, ergibt sich ein wunderbarer, eigentlich noch tieferer und umfassenderer Sinn, und es ist nicht abwegig anzunehmen, daß der Johannes-Prolog ursprünglich eine Weisheitshymne war.

Die Ablösung der Sophia-Christologie durch die Logos-Christologie geschah wahrscheinlich im Zug der Auseinandersetzungen mit der Gnosis, die ihrerseits die Weisheitstradition aufgenommen hatte. Im östlichen, orthodoxen Christentum ist allerdings eine eigenständige Sophia-Theologie erhalten geblieben, die sich auch in eigenen Sophia-Ikonen zum Ausdruck brachte. Im Westen ist vieles aus der Weisheitstradition auf Maria als der ‚Himmelskönigin' übertragen worden (siehe oben). Mittels der Sophia-Vorstellungen konnte auch die Große Frau der Apokalypse als himmlische Maria gedeutet werden. Und noch die Diskussion um die marianischen Titel ‚Mittlerin' und ‚Miterlöserin' werden auf dem Hintergrund der Sophia-Vorstellungen besser verständlich ...

Diese Ausführungen können nur Andeutungen sein zu dem „Dreigestirn am weiblichen Himmel", zu *Ruach, Schechi-*

nah, Chochmah. Alle drei kommen in der mir bekannten feministisch-theologischen Literatur vor – allerdings an verstreuten Stellen; eine umfassende, gründliche Studie liegt – soweit ich sehe – bisher nicht vor. Das Wissen um dieses ‚Dreigestirn' wäre aber wichtig, weil damit die meist sehr einseitig-männliche Gottesvorstellung relativiert werden könnte und Frauen (und Männer) erkennen könnten, daß wir innerhalb unserer eigenen jüdisch-christlichen Offenbarungstradition Anknüpfungspunkte für eine Religiosität, eine Spiritualität finden können, die auch die weibliche Dimension einschließt.

EXKURSE

Die hier vorgelegten Texte sind in den zurückliegenden Jahren aus unterschiedlichen Anlässen (besonders zum Weltgebetstag der Frauen) entstanden und in verschiedenen Publikationsorganen veröffentlicht worden. Sie wollen in unterschiedlichen literarischen Gattungen an konkreten Beispielen zeigen, wie Frauen heute alte Texte neu hören und verstehen und lernen, sie auf ihre eigene Situation hin auszulegen – am besten im gemeinsamen Dialog oder im gemeinsam erarbeiteten Bibliodrama.

Exkurs 1

Mirjam – die Prophetin vom Schilfmeer

Wir sind gewohnt, von „Vätern des Glaubens" zu sprechen. Abraham wird in der Heiligen Schrift als „Vater des Glaubens" vorgestellt (Röm 4, 11. 12. 17). Weit weniger selbstverständlich, ja ungewohnt ist es, von „Müttern des Glaubens" zu reden. Ich möchte eine Frau vorstellen, die es sehr wohl verdient, „Mutter des Glaubens" genannt zu werden: Sie hat an einem Höhe- und Krisenpunkt der Heils- und Offenbarungsgeschichte eine bedeutsame Glaubens*er*kenntnis gehabt und sie öffentlich als Glaubens*be*kenntnis ausgesprochen. – Gehört es zur Verdrängung der Frauengeschichte, daß das kaum im Bewußtsein der Gläubigen lebt, daß Frauen meist selbst sehr erstaunt sind, wenn ihnen davon erzählt wird?

Die meisten kennen aus dem Religionsunterricht der Kindheit die liebliche Geschichte von der Schwester, die Wache stand, als der drei Monate alte Knabe Mose in ein mit Pech abgedichtetes Körbchen aus Papyrusschilf gelegt und am Nilufer ausgesetzt und von der Tochter des Pharao gefunden wurde. Als die Schwester beobachtete, daß die Prinzessin Mitleid mit einem der Hebräer-Knaben hatte, denen ihr Vater das Leben nicht gönnen wollte, da griff diese Schwester geschickt ein, indem sie sich erbot, eine hebräische Amme für den Säugling zu holen und dieser so seiner eigenen Mutter zum Aufziehen übergeben wurde. Hier begegnen wir zwar durchaus auch einer recht beachtlichen Frauengeschichte, denn wer hier rettend in ein böses Geschehen – die Ausrottungsabsicht des Pharao gegenüber den unerwünscht gewordenen Hebräern – eingreift, das sind lauter Frauen: Neben den tapferen Hebammen Schifra und Pua, die sich dem Tötungsbefehl des Pharao widersetzen, sind es Mutter und Schwester des Mose, die ein Fünklein Hoffnung nicht preisgeben, und ist es die Prinzessin, die den Mose adoptiert und am Hofe aufwachsen läßt (vgl. Ex 1, 15 – 2, 10). Welche Rolle dieser Mose für Israel spielt, ist bekannt. Ist aber ebenso bekannt, daß eine Frau es war, die als erste das Geschehen des Auszugs aus Ägypten, des Durchzugs durchs Schilfmeer und der Errettung vor den verfolgenden ägyptischen Truppen theologisch interpretiert?

„Da nahm die Prophetin Mirjam, die Schwester Aarons, die Pauke zur Hand, und alle Frauen zogen mit Pauken und im Reigen hinter ihr drein. Mirjam sang ihnen vor: Singet Jahwe, denn er ist hocherhaben! Roß und Reiter warf er ins Meer" (Ex 15, 20. 21).

Dieser kurze Hymnus wird von den allermeisten Exegeten zu den ältesten Textbeständen der Bibel überhaupt gerechnet. Der Vorgang des Auszugs wird in der Bibel so, wie sie ihre Endgestalt gefunden hat, in den diesem Lied vorausgehenden Kapiteln ausführlich in Prosa erzählt und in dem dieser alten Textstelle unmittelbar vorangestellten Siegeslied des Mose poetisch besungen. Gerade dieses umfangreiche Lied, das Mose, dem Mann, in den Mund gelegt wird, ist jedoch eine spätere Erweiterung des älteren, kürzeren, ursprünglicheren Mirjam-Liedes. Eine Frau schreibt die Befreiung und Errettung Jahwe, dem Gott der Israeliten zu, der ‚hocherhaben', also mächtig ist, und der willens war, sie vor ihren Feinden zu erretten, also überleben zu lassen – als Gruppe, die sich zu einem Volk entwickeln sollte. Weil nicht anzunehmen ist, daß alle das sofort so begriffen haben, ruft Mirjam, die es erkannte, dazu auf, diesem Gott zu singen, ihn zu preisen – und zwar mit dem, was sie und ihre Schwestern haben: Ihre Stimmen, ihre einfachen Musikinstrumente, ihre im Tanz sich bewegenden Körper. Rühmen dessen, was geschehen ist,

Lobpreis Gottes mit Musik und Gesang und Tanz – Grundform des Gottesdienstes. Von einer Frau angeregt, von Frauen gestaltet und getragen. Und weil sie die erfahrene Geschichte so deutet, wird Mirjam der Titel ‚Prophetin' zuerkannt. Es bedeutet viel und will etwas heißen, daß die ja doch in einer patriarchalischen Umwelt entstandene Bibel dieses Zeugnis überliefert – bis heute.

Mirjam taucht noch einige Male in der Hebräischen Bibel auf, so im 12. Kapitel des Buches Numeri. Das Volk Israel ist immer noch auf der Wanderung durch die Wüste. Es lagert gerade in Hazerot: „Da aber redeten Mirjam und Aaron Böses gegen Mose wegen der Kuschitin, welche er geheiratet hatte ... Sie sprachen ferner: ‚Hat denn Jahwe nur mit Mose geredet? Hat er nicht auch mit uns geredet?" – Was folgt, ist eine Gottesrede, die zum Ziel hat, darzutun, daß Mose ein ganz einmaliger Prophet ist, mit dem Gott „von Mund zu Mund" redet und der „Jahwes Gestalt schauen" darf. Wegen des Geredes entbrennt Gottes Zorn gegen Aaron und Mirjam, und Mirjam wird sogar mit siebentägigem Aussatz bestraft. Warum nur sie, die Frau, so hart bestraft wird, hat keine Erklärung; es könnte andeuten, daß sie die Wortführerin bei der Kritik an Moses Anspruch auf alleinige Führerschaft war. Die Geschichte schließt: „So wurde Mirjam sieben Tage aus dem Lager ausgeschlossen. Das Volk aber zog nicht weiter, bis Mirjam wieder aufgenommen war ..."

Diese Haltung des Volkes läßt darauf schließen, daß Mirjam beim Volk beliebt war und daß die singuläre Führungsrolle des Mose zu seinen Lebzeiten gar nicht so unumstritten war, wie es aus den später niedergeschriebenen und mehrfach redaktionell überarbeiteten Schriften erscheint. Eine Bestätigung dafür könnte man in der Bemerkung beim Propheten Micha aus dem 8. Jahrhundert sehen, wo es Kapitel 6, 4 in einer Gottesrede an das Volk Israel heißt: „Ich habe dich doch aus dem Lande Ägypten herausgeführt, aus dem Hause der Knechtschaft dich befreit, vor dir hergesandt Mose,

Aaron und Mirjam ...“ Hier werden alle drei noch gleichrangig nebeneinander genannt, und dieser Prophetentext gilt als sehr alt, ist also ein guter Zeuge.

Daß Mirjam eine ganz wichtige Persönlichkeit in der Glaubensgeschichte Israels war, geht auch daraus hervor, daß der Zeitpunkt ihres Todes und der Ort ihres Grabes festgehalten wurden, was sehr selten ist. In Num 20, 1 heißt es kurz und klar: „Dann kamen die Israeliten, die ganze Gemeinde, im ersten Monat in die Wüste Zin, und das Volk ließ sich in Kadesch nieder. Dort starb Mirjam und wurde daselbst begraben.“ – Diese Nachricht läßt darauf schließen, daß man noch lange nach dem Wüstenzug, als die Israeliten längst im verheißenen Land angekommen waren, ein Grab der Mirjam in Kadesch gekannt und wahrscheinlich verehrt hat. Kadesch, etwa achtzig Kilometer südsüdwestlich von Beerschewa gelegen, war eine Oase mit Quellen und einem alten Heiligtum. Vielleicht war Mirjam dort als Priesterin und theologische Deuterin der Rettungsereignisse tätig, wie die Kasseler Alttestamentlerin Helen Schüngel-Straumann vermutet.

Festzuhalten bleibt: Am wichtigsten Punkt der alttestamentlichen Heils- und Offenbarungsgeschichte steht eine Frau mit dem Namen Mirjam, die als erste das grundlegende Ereignis der Befreiung und Errettung als Tat des Gottes Jahwe interpretiert und zu seinem Lobpreis aufruft – einem Lobpreis, der bis heute nicht verstummt ist.

Mirjam, weiß von Aussatz

Du hast aufbegehrt
gemeinsam
mit deinem Bruder Aaron
gegen den anderen
den gerühmten Mose

du die ältere Schwester
hast auf Gleichheit bestanden
deiner eigenen Gottesnähe
deines prophetischen Amtes:
schon traf dich die Strafe

dich allein –
nicht etwa auch Aaron!

Allein gestraft
und darum doppelt
wenn nicht sogar dreifach

Mirjam ich könnte mir denken
daß Mose an deiner Statt
für dich zu Gott rief um Heilung
muß dich am stärksten getroffen haben
mund-tot gemachte Schwester

Aus: Abel, wo ist deine Schwester? – Frauenfragen, Frauengebote, herausgegeben von Christel Voß-Goldstein, Patmos Verlag, Düsseldorf ^{2}1988 (vgl. Literaturbericht 1).

Exkurs 2

Von Gott gesegnet: Solidarität, Initiative, Klugheit von Frauen

Das alttestamentliche Buch RUTH, gelesen mit den Augen von Frauen – in der Dritten Welt und bei uns

Vor unserem geistigen Auge sehen wir zwei Frauen auf der Wanderschaft, eine ältere und eine jüngere. Etwas entfernt eine weitere jüngere Frau, sie geht in die Gegenrichtung, scheint sich aber noch einmal umzuwenden und den beiden nachzublicken. Eben hat *Orpa* sich von ihrer Schwiegermutter mit einem Kuß verabschiedet und nach anfänglichem Widerstreben doch deren Rat angenommen, nämlich zu ihrem Volk, in das Haus ihrer Mutter[1] zurückzukehren und darauf zu hoffen, noch einmal einen Ehemann zu finden, Kinder zu bekommen, Zukunft zu haben.

Ihre Schwägerin *Ruth* jedoch hat sich nicht zur Rückkehr bewegen lassen, sie wollte die alte, einsame Frau nicht allein weitergehen lassen – in eine Heimat, die vielleicht längst zur Fremde geworden, wo ganz ungewiß war, was die kinderlose Witwe erwartete; womöglich nur Not und Tod.

Etwa ein Jahrzehnt zuvor war *Naemi* mit ihrem Mann *Elimelech* und den beiden Söhnen aus der Heimat *Betlehem in Juda,* wo eine Hungersnot herrschte, aufgebrochen ins heidnische Nachbarland *Moab* – so wie vor und nach ihnen Millionen Menschen die Heimat verlassen haben auf der Suche nach Nahrung und Fortkommen. Aber die Fremde hat der Familie kein dauerhaftes Glück gebracht: Elimelech war gestorben, und auch die beiden Söhne *Mahlon* und *Chiljon,* die sich

[1] ‚Haus ihrer Mutter' – Hinweis auf eine matrilokale Lebensform, wo Frauen die Eigentümerinnen von Haus und Hof waren.

moabitische Frauen genommen hatten, starben, ehe sie Nachkommen hatten zeugen können. Zurück blieben drei Frauen, drei kinderlose Witwen – die Schutz- und Rechtlosesten, die es im Altertum gab. (Und ist es heute so viel anders, besonders in Gesellschaften, in denen das Netz sozialer Sicherheit nicht gut geknüpft ist? Selbst wenn das Materielle geregelt ist – bleiben nicht gesellschaftliche Isolierung und seelische Vereinsamung bestehen?)

Da es so stand, hat Naemi sich auf die Heimat besonnen, zumal ihr zu Ohren gekommen war, „daß Jahwe sich seines Volkes angenommen habe, indem er ihnen wieder Brot gab". Und Ruth war dabei geblieben: „Wohin immer du gehst, will auch ich gehen, und wo immer du bleibst, will auch ich bleiben. Dein Volk ist mein Volk, und dein Gott ist mein Gott. Wo immer du stirbst, will auch ich sterben und ebenda will ich begraben werden ..." Gern sind diese Worte zitiert worden – in Trauungsansprachen, wo sie sich zwar gut machen, aber von ihrem Ursprung her eigentlich nichts zu suchen haben. Denn nicht um das Durch-dick-und-dünn-Gehen von Eheleuten handelt es sich hier, sondern um die Solidarität von Frauen, um das Teilen von Weg und Schicksal einer jüngeren mit einer älteren Frau, um das Zusammenstehen von Schwiegertochter und Schwiegermutter, die noch dazu verschiedenen Völkern, verschiedenen Religionen angehören ...

Dann erleben wir die Heimkehr, das Erstaunen der Frauen von Betlehem, die Klage der Naemi ihnen gegenüber: „Voll bin ich weggegangen, doch leer hat mich Jahwe zurückkehren lassen." Aber wir hören auch, daß da, wo seinerzeit Hungersnot geherrscht hat, gerade die Ernte beginnt. Und nun ergreift Ruth die Initiative. Vielleicht hatte ihr Naemi von den rechtlichen Gepflogenheiten im Lande Juda erzählt, wo es den Armen gestattet sein sollte, Nachlese auf den abgeernteten Feldern zu halten, damit sie nicht betteln zu gehen brauchten. Aber wohl auch, daß die Grundbesitzer unterschiedlich umgingen mit diesem von Mose her gebotenen Gewohnheitsrecht, der eine knauserig, der andere großzügig. Deshalb sagt Ruth: „Ich will aufs Feld gehen, und ich will Ähren nachlesen hinter dem her, in dessen Auge ich Gnade finde." Und sie findet wirklich Gnade – die Gnade eines gütigen Menschen, in der die Gnade Jahwes aufleuchtet. Denn dieser Großbauer legt das Recht der Armen generös aus und dehnt es auch auf die Ausländerin aus, von der er gehört hat, wie solidarisch sie sich gegenüber ihrer mittel- und kinderlosen Schwiegermutter verhält. So kommt Ruth mit reichem Ertrag zurück.

Als Naemi hört, das Feld, auf dem Ruth Nachlese gehalten habe und wo sie das weiterhin tun dürfe, gehöre einem Mann namens *Boas,* sagt sie: „Verwandt mit uns ist der Mann, einer unserer Löser ist er." Naemi ist keine unbedarfte Frau. Sie kennt die in Israel geltenden Rechtsvorschriften, nämlich sozialethische Verpflichtung zur Sippensolidarität: Ein Löser, das ist einer, der das Grundstück eines verarmten Verwandten zu kaufen (einzulösen) hat, um diesem den Lebensunterhalt zu garantieren; im Fall einer Frau, wie der verwitweten Naemi, auch den Rechtsschutz. Aber damit ist es in diesem Fall noch nicht getan. Denn Naemi ist nicht nur materiell verarmt – viel schlimmer ist ihre Verarmung durch den Verlust ihrer Söhne. Ohne Nachkommenschaft ist sie abgeschnitten von der Teilhabe an der messianischen Heilshoffnung Israels. Das ist gleichsam der geschichtliche, heilsgeschichtliche Tod. Nur wenn ein Löser bereit ist, ihr im Sinn der Leviratsehe über die verwitwete Frau ihres Sohnes zu Nachkommenschaft zu verhelfen, hat sie nicht nur einen ‚Erbsohn', der für sie sorgen wird – sie hat auch wieder Anteil an der Messiashoffnung ihres Volkes.

Die kluge, auch gut informierte Naemi teilt ihr Wissen mit Ruth und setzt es planend ein – nicht ohne Risiko! Wenn Boas nach dem Werfeln der Gerste auf der Tenne schläft, soll Ruth sich, bereitet wie eine Braut, zu ihm legen. Als er um

Mitternacht die Frau zu seinen Füßen entdeckt, erinnert sie ihn daran, daß er der Löser ist. Er stimmt dem zu. Längst hat ihm die junge Moabiterin, die so fleißig und so treu ist, gefallen, und besonders gefällt ihm, daß sie nicht den jungen Burschen nachläuft, sondern ihn, den älteren Verwandten ihres Schwiegervaters, bevorzugt. Allerdings ist da noch ein Hindernis, nämlich ein näherer Verwandter, dem Löserecht und Lösepflicht an erster Stelle zukommen. Deshalb schickt er Ruth im Morgengrauen, reich mit Korn beschenkt, zunächst heim zu Naemi. Er selbst geht zum Tor, wo die Rechtsgeschäfte ausgehandelt wurden, um die Angelegenheit möglichst rasch zu klären. Der im Verwandtschaftsrang vorgängige Löser wäre zwar bereit, das Feld des Elimelech zu kaufen und damit materielle Sorge für Naemi zu übernehmen. Als er jedoch hört, daß er „damit zugleich Ruth, die Moabiterin, die Frau des Toten, kaufen (muß), um den Namen des Toten weiterleben zu lassen auf seinem Erbbesitz", tritt er zurück, „damit ich nicht meinen eigenen Erbbesitz schädige", und überläßt das Lösen dem Boas. Die Sache wird im Angesicht von zehn Zeugen besiegelt.

Zu Beginn haben wir gesehen, wie Orpa das Normale, das Vernünftige, das, was für jeden einsichtig ist, tat – aber mit dieser Entscheidung nur für ihre eigene Zukunft aus der Geschichte hinausging. Am Ende sehen wir wieder einen, der nicht einmal einen Namen hat, aus der Geschichte ‚hinausgehen'. Ähnlich wie Orpa hat er sich zwar nicht für etwas Unrechtmäßiges entschieden, aber doch nur für seinen eigenen Vorteil. Um in Jahwes Geschichten und Geschichte einen Namen zu haben und zu behalten, muß ein ‚Mehr' an Selbstlosigkeit, ein das Übliche überbordendes ‚Mehr' an Solidarität gelebt werden – nur das sprengt den Rahmen des Herkömmlichen, bringt die Geschichte im Sinne Jahwes/Gottes voran. Damals wie heute ...

Dem glücklichen Ausgang der Erzählung steht nichts mehr im Wege: „Boas nahm Ruth, und sie wurde ihm zur

Frau, er ging zu ihr ein, und Jahwe gab ihr Schwangerschaft, so daß sie einen Sohn gebar." Die Frauen Betlehems preisen Naemi, weil Jahwe sie durch diesen Löser – gemeint ist jetzt das Neugeborene, das Naemi an ihre Brust legt – „vor dem Ende bewahrt hat". Ein späterer Bearbeiter der Geschichte weist das Obed genannte Kind als Großvater Davids aus, und der Evangelist Matthäus erwähnt dessen aus Moab stammende Mutter Ruth im Stammbaum Jesu.

Was aber sagt die Geschichte uns Heutigen? Frauen in Brasilien haben diese Erzählung anläßlich des Weltgebetstags der Frauen 1988 für sich entdeckt. Warum? Weil sie häufig auch die Ärmsten der Armen, die Unterdrücktesten der Unterdrückten sind, und sich deshalb in den Witwen Naemi, Orpa, Ruth gut wiedererkennen können. Sie haben entdeckt, daß sie von diesen biblischen Frauen lernen können. Von Naemi das: Am tiefsten Punkt angekommen, rafft sie sich auf, zu den Quellen zurückzugehen – ohne Garantie, ob und wie sie dort ankommen, dort aufgenommen wird. Aber jedenfalls: sie bleibt nicht sitzen, liegen oder stehen, sondern nimmt alle ihre Kräfte zusammen, um aufzustehen, um aufzubrechen, um zu gehen.

Von Ruth: Sie lebt eine unverbrüchliche Solidarität. Ohne absehen zu können, was das für sie selbst bedeutet, läßt sie die alte Frau nicht allein, teilt sie deren Leben, geht mit auf dem eingeschlagenen Weg in eine ungewisse Zukunft. Sie korrigiert das übliche Bild vom Verhältnis Schwiegermutter/Schwiegertochter, sie wird der Älteren Tochter, Schwester, Freundin.

Von beiden: Sie schätzen die Situationen realistisch ein, sie erinnern sich ihrer gesetzlichen Rechte und verstehen diese Ansprüche einzuklagen. Sie scheuen sich auch nicht, ein gewisses Risiko beim Durchführen ihrer Pläne einzukalkulieren und auf sich zu nehmen. Sie erfahren letztendlich, daß der Gott des Volkes Israel ein solches Vorgehen ‚segnet', daß Türen sich öffnen oder aufgetan werden. Ein solches Lesen und Verstehen der biblischen Erzählung bestärkt gerade Frauen der Dritten Welt in solidarischer Schwesterlichkeit darin, sich über ihre Rechte zu informieren, sie einzufordern, in einer gut abgewogenen Mischung aus Klugheit und Risikobereitschaft vorzugehen.

Und welche Türen öffnet diese Geschichte mir, Dir, uns hier in der bundesrepublikanischen Wirklichkeit?

Exkurs 3

Ein Wunder ist es

Dialoge aus dem Hohenlied

Die Fragen um Mann und Frau, Liebe und Ehe, um Eros und Sexualität, um Erfüllung und Verzicht haben die Menschen aller Zeiten bewegt und erschüttert. In unserer Zeit sind sie neu in Bewegung gekommen, wird dringlicher gefragt, wird anders nach Antworten gesucht. Nicht verwunderlich, daß Christen auch in ihren Heiligen Schriften Ausschau halten und ein Buch des Alten Testaments entdecken, das jahrhundertelang mehr allegorisch-symbolisch verstanden wurde: als Liebe Gottes zu seinem Volk, als Liebe Christi zu seiner Kirche, als mystische Vereinigung Gottes mit der Seele. Wenn diese Sicht des Hohenliedes auch keineswegs gänzlich aufgegeben werden muß – es ehrt ja die menschliche Liebe, wenn sie Bild und Gleichnis sein darf für die Liebe Gottes –, so hat sich doch die Einsicht immer mehr durchgesetzt, daß es sich hier um weltliche Liebeslieder handelt, vornehmlich aus Israels Frühzeit, weitgehend angesiedelt im Hirtenmilieu, beeinflußt von altorientalischer, besonders ägyptischer Liebesdichtung. Übersetzer und Deuter der Heiligen Schriften scheuten keine Mühe, die alten Texte in ein für heute angemessenes sprachliches Gewand zu kleiden, mal näher der Ursprache, mal freier in der Übertragung (z. B. J. Dirnbeck), und sie für den Leser aufzuschlüsseln. Eine erstaunliche Entdeckung ist dabei zu machen: Anders als im realen Geschlechterverhältnis jener Zeit, wo Frauen als ‚Besitz' des Mannes galten, sprechen diese Lieder von einem partnerschaftlichen Gegenüber von Geliebter und Geliebtem, von Freund und Freundin!

*

Komm, küß mich und leg deinen Mund auf den meinen! Mehr als den Wein lieb ich es, wenn du mich liebst!

Gut tut dein Duft, der in der Luft liegt!

Dein Name ist ein betörendes Öl! Deswegen sind alle die Mädchen ganz außer sich!

Komm, zieh mich, mach rasch, komm zieh mich mit dir, ich folge dir nach! Heut bist du der König, der mich ins Gemach führt!

Aufjauchzen laß uns, weil wir uns freuen, daß du so gut bist und daß deine Liebe mehr ist als Wein!

Sag mir doch, wen, wenn nicht dich, sollte ich lieben! 1,2–4

So beginnt eine der berühmtesten Liebesdichtungen der Weltliteratur. Warum steht diese Sammlung althebräischer Liebeslieder in der Bibel? Das Wort ‚Gott' kommt darin nicht vor, auch keine moralische Handlungsanweisung, kein Appell an Verantwortung. Was da steht, sind wirkliche Liebeslieder – vital, sinnlich, bilderreich, erotisch – dem Augenblick verpflichtet. Liebe scheint ein Spiel zu sein, um seiner selbst willen gespielt, gleichsam ein göttliches Spiel.

– Erschreckt mich das?

– Befreit mich das?

*

Sag mir doch, du, zu dem mich mein Herz zieht, wo du mit deiner Herde umherziehst!

Verrat mir den Platz, wo du Mittagsrast machst, damit ich die Weide der andern vermeide!

Frag doch nicht lang, du Frau aller Frauen, folg nur den Spuren der Schafe, dann spürst du mich auf!

Hier, nimm deine Ziegen und zieh zu den Hirten!

Du bist in den Gärten, wo bleibt dein Ruf?

Zeig deine Stimme, laß mich dich hören!

Komm nun, mein Freund, gazellenschnell komm, flink wie ein Junghirsch auf duftenden Bergen! 1,7–8 und 8,13–14

Lieder der Sehnsucht, der Lockung, Ruf und Antwort – ein Hin und Her zwischen zwei Menschen, zwischen Frau und Mann, Mann und Frau. Was ist Liebe? – Freude an einem Menschen, Sehnsucht, bei ihm zu sein, Lockung und Verlockung gehören dazu.

Spüren wir: es braucht Takt, Feingefühl, Einfühlungsvermögen, um Liebende – auch über Jahrtausende hinweg – zu belauschen?

– Was ruft dieses Belauschen in mir wach?
– Meine Freude an einem Du?
– Meine Sehnsucht nach einem bestimmten Menschen?
– Mein Locken, mein Mich-verlocken-Lassen?
– Stehe ich dazu?

*

Du bist schön, meine Freundin, ja du bist schön, deine Augen sind Tauben!

Du bist schön, mein Freund, ja du bist außerordentlich schön!

Eine Lilie inmitten von Disteln, das ist meine Freundin inmitten der Mädchen!

Der, den ich liebe, ist blutvoll und blendend, er sticht hervor unter tausenden Männern! ... Alles, alles ist herrlich an ihm.

Du bist vollkommen schön, meine Freundin, uneingeschränkt schön! Aus: 1; 2; 4; 5

Lieder der Schönheit, im Duett gesungen – einer preist den andern.

Schönheit – was ist das? – Es ist mein Entzücktsein, mein Hingerissensen. „Du bist schön“ – das heißt: Du gefällst mir, ich finde dich schön, ich sage ja zu dir. Und der oder die so Gepriesene blüht auf wie eine Blume, entfaltet sich wie eine

Blüte, wird wirklich schön, vielleicht wieder schön, oder noch einmal schön ...

– Solche Preislieder – habe ich sie in meinem Leben vernehmen dürfen?
– Sind sie vergessen, verdrängt – oder belebt mich die Erinnerung daran noch heute?
– Wann zuletzt habe ich jemandem ein solches Preislied gesungen?
– Vermöchte ich es noch immer?

*

Töchter Jerusalems, bei Hirsch und Gazelle laßt euch beschwören: Seid nicht zu rasch und weckt mir die Liebe nicht auf, ehe sie nicht von selber erwacht! 2,7; 3,5; 8,4

Ein Lied der Behutsamkeit. An nicht weniger als drei Stellen des Hohenliedes steht es inmitten der stürmischen, drängenden, berauschenden, beschwörenden Verse.

Was will es sagen?

Daß alles seine Zeit hat und seine Zeit braucht? Daß auch die Liebe, die Hingabe reifen will? Daß man sie nicht vorzeitig wecken darf; geduldig sein möge, bis sie von selber erwacht? Will dieses Lied der Zärtlichkeit daran erinnern, Kostbares, Zerbrechliches, Verletzliches nicht durch Ungestüm zu zerstören?

Weiß dieses Lied der Zartheit, daß wir im Wagnis des Liebens, der Hingabe, die Gürtel lösen, die uns sonst halten, den Schutz ablegen, auf den wir uns sonst verlassen? Daß wir nackt und bloß sind, innerlich frieren, wenn uns der Partner nicht mit seiner Zuneigung wie mit einem Mantel umfängt?

– Wissen wir, daß das für beide gilt –
– für die Frau, aber auch für den Mann?

*

Du bist ein Garten mit köstlichen Pflanzen: Granatäpfel, Henna und Narde, Krokus, Gewürzrohr und Zimt, Aloe, Weihrauch und Myrrhe und jeder erdenkliche Balsam!

Blase, du Nordwind, blase, du Südwind, bringt meinem Garten den Balsamduft! Komm nun, mein Freund, dein Garten ruft dich, komm nun und iß von den köstlichen Früchten!

Ich komme, ich komme, du meine Freundin, in meinen Garten! Ich pflücke die Myrrhe, ich pflücke den Balsam, ich esse den Honig samt Wabe, ich trinke den Wein samt der Milch!

Mein Freund besucht seinen Garten! Zu den Balsambeeten ging mein Geliebter, Lilien pflückt er am Grund! Aus: 4; 5; 6

Die nüchterne Alltagssprache reicht nicht aus, um auszudrükken, was Liebende bewegt. In der Hoch-Zeit des Verliebtseins, der jungen Liebe, wird fast jeder zum Poeten, greift zu Bildern, läßt sich von Bildern ergreifen. Alles Schöne, Köstliche der Welt wird herbeizitiert, um die Einzigkeit der oder des Geliebten zu besingen. Hören, sehen, riechen, schmecken, fühlen, tasten, be-greifen wollen wir das geliebte Du, er-wandern seinen Leib wie einen Garten ... Und indem uns der Partner er-fährt, erfahren wir uns selbst.
– Ein Wunder ist es. – Wußten wir es?

*

Sonst trag' ich Myrrhe zwischen den Brüsten, heut ruht mein Freund an meinem Busen! ... Mein Freund ist mein, und ich bin sein! Nach mir steht sein Verlangen!

Schön bist du, meine Liebe, reizend bist du, mein Glück! Wie die Palme bist du gewachsen! Datteldolden sind deine Brüste! Ich sage: ich klettre die Palme hinan! Ergreifen will ich die Datteln, ergreifen die Weintraubenbrüste! Riechen will ich an deinem Apfelatem und trinken den Wein deines Mundes, der mir im Schlaf noch Lippen und Zähne benetzt!

In den Nußgarten steig' ich, die Palme zu sehen, ob sie schon sproßt, den Weinstock zu sehen, ob er schon austreibt, die Granat-

bäume, ob sie schon blühen! Da war ich entrückt und ohne mein Wissen geriet ich in Fahrt im Wagen meines Gefährten! Aus: 1; 7; 6

Poetische, ja gewagte Bilder umschreiben, verhüllen das Liebesspiel, das Einswerden des Paares. – Zerreden wir sie nicht – lassen wir sie in die Tiefe sinken. Vielleicht treffen sie dort auf Spiegelbilder unserer eigenen Erfahrung.
– Gestatten wir uns, sie hochsteigen zu lassen!
– Lassen wir sie wahr und wirklich sein in unserem Leben!
– Halten wir sie in unserer Erinnerung!

*

Liebe kennt keine Zeit. Auch das Hohlied kennt nur Gegenwart. Ganz leise nur der Wunsch nach Dauer:

Mach mich zum Siegel auf deinem Herzen, steck mich als Siegelring an deine Hand! 8, 6a

– Nur eine Ahnung, daß Leidenschaft auch Verstrickung bedeuten kann:

Blicke mich bitte nicht unentwegt an! Zu groß wird sonst die Berückung! 6, 5

– Nur ein Anflug von Angst der Wehrlosen, Ohnmächtigen vor der Gewalt der Liebe:

Stark wie der Tod ist die Liebe, die Leidenschaft mächtig wie die Scheol! Die Gluten der Liebe sind feurige Gluten, mächtige Brände! Selbst Wassermassen können die Liebe nicht löschen, selbst Ströme töten sie nicht! 8, 6b–7a

Gott kommt nicht vor in diesen Liedern? Wirklich nicht? Können sie nicht Hinweis auf die Liebe eines Gottes sein, der Mann und Frau die sinnliche Liebe gönnt, sich darüber freut, der nicht eifersüchtig ist auf unseren menschlichen Partner?

Ist zwischen diesen Zeilen nicht ein zärtlicher Gott zu entdecken, der um unsere Verletzlichkeit weiß? – Ein schenkender Gott, der unsere Bedürftigkeit kennt? – Ein tröstender Gott, dem unsere Trauer nicht fremd ist – auch nicht die über zerbrochene, zurückgewiesene, unerfüllte Liebe?

Die Schrifttexte sind der Nachdichtung des HOHENLIEDES von Josef Dirnbeck entnommen – siehe auch Seite 222.

Exkurs 4

Zum Leben befreit

Ein Tagebuchblatt aus dem Jahr 33

Die Perikope Joh 4,5–30.39–42 (Jesu Begegnung mit der Samariterin am Jakobsbrunnen) ist ein gutes Beispiel für das, was mit der Aussage „zum Leben befreien" gemeint ist. Ein solcher Text kann für uns lebendig werden, wenn wir versuchen, ihn ins Leben von damals so konkret hineinzubuchstabieren, daß auch für uns heute eine Botschaft daraus ablesbar wird:

Heute ist ein Reisender durch unser Dorf gekommen und hat erzählt, in Jerusalem hätten sie den Wanderprediger hingerichtet, der letzten Sommer zwei Tage bei uns in Sychar geblieben war. Dieser Mann tot? Wie ein Verbrecher gestorben? Das kann doch nicht sein. Durch ihn hat sich doch mein Leben von Grund auf verwandelt – und nicht nur mein Leben – das von uns allen hier im Dorf.

Angefangen hat es damit, daß ich wie üblich um die Mittagszeit zum Brunnen gegangen bin, um Wasser zu schöpfen. Ich ging ja immer um die sechste Stunde, in der heißen Mittagszeit, wenn ich sicher sein konnte, niemandem zu begegnen. Die andern Frauen schöpften in der Morgenfrühe oder am Abend, wenn es angenehm kühl war. Aber die sprachen ja nicht mit mir, tuschelten höchstens hinter meinem Rücken, und manchmal so auffällig und laut, daß ich es hören konnte oder sollte. Weil mein Leben nicht so geordnet war wie das ihre. Wenn einen der erste sitzengelassen hat, dann geht man eben schnell „von Hand zu Hand" – schließlich mußte ich ja leben mit meinem Kind. Und wenn mich Eliab auch nicht geheiratet hat, so lebe ich mit ihm nun doch schon lange und recht friedlich zusammen.

Als ich an jenem Tag zum Brunnen kam, saß dort ein Mann, offensichtlich müde und hungrig und durstig; er bat mich: „Gib mir zu trinken." Seine Sprechweise wies ihn als Galiläer aus und seine Kleidung als jüdischen Rabbi. Ich wunderte mich sehr, weil es doch überhaupt nicht üblich ist, daß ein Mann eine Frau außer Haus anspricht und gar um etwas bittet. Und noch dazu ein Jude – wo doch die Juden mit uns Samaritanern nichts zu tun haben wollen (und wir nicht mit ihnen). Seit Jahrhunderten streiten wir uns mit ihnen um die rechte Art des Glaubens und der Gottesverehrung.

Das Gespräch, das sich dann zwischen diesem Mann und mir entwickelte, war so anders als alles, was ich vorher in meinem Leben erfahren hatte – es krempelte mich gleichsam in wenigen Minuten um. Obwohl gar nichts geschah, verspürte ich ein tiefes Glücksgefühl. Wie wenn etwas eingetreten wäre, auf das ich heimlich immer gewartet hatte. Das Wasser, das ich holen wollte, war nicht mehr wichtig – ich ließ den Krug stehen und lief ins Dorf zurück. Und ich, die sonst mit niemandem gesprochen hatte, sagte jedem, den ich traf: „Draußen am Jakobsbrunnen ist einer, der hat so mit mir geredet, daß ich denke, er ist der Messias." Und da gingen sie alle hinaus. Und sie baten ihn, ins Dorf zu kommen und bei uns zu bleiben. Und das Unwahrscheinliche geschah – er, der Jude, blieb zwei Tage bei uns. Und obwohl er darauf beharrte, daß das Heil von den Juden käme, sprach er in einer Art und Weise zu uns, daß wir seine Worte annehmen und an ihn glauben konnten als den Retter der Welt. Und auch als er und seine Jünger wieder weitergezogen waren, kehrte nicht alles zum alten zurück – die Leute gingen anders miteinander um. Die Arbeit war die gleiche geblieben, auch die Hitze des Tages und die Kälte der Nacht, die Steine auf dem Acker und die schweren Wasserkrüge. Aber die Männer im Dorf waren anders zu uns Frauen – sie fragten uns jetzt auch nach unserer Meinung und handelten sogar manchmal danach. Und die Frauen beäugten einander nicht mehr so scheel und tuschelten nicht mehr über die, die gerade nicht dabeistand – wir fingen an, einander zu helfen und uns in die jeweilige Situation der anderen einzufühlen. Das bekam besonders ich zu spüren – ich bin und fühle mich seitdem nicht mehr ausgestoßen und an den Rand gedrängt, und das macht mich sehr froh. Auch mit den Heranwachsenden, die oft so widerborstig waren, geht es viel besser – vielleicht weil wir Älteren sie in der Dorfversammlung auch zu Wort kommen lassen und das, was sie sagen, nicht immer gleich abtun.

Auch unsere Gottesdienste sind anders geworden. Wir gehen zwar am Sabbat und den großen Festen immer noch auf den Garizim – obwohl der Jesus ja gesagt hat, es sei nicht wichtig, wo man anbete. Aber schließlich müssen wir ja einen Ort haben, wo wir uns versammeln. Und das „im Geist und in der Wahrheit den Vater anbeten", was er auch gesagt hat, ist wohl ein schwer verständliches, fast rätselhaftes Wort – wir tappen da noch im dunkeln und versuchen ganz einfach, unser Herz auf den zu richten, von dem er als dem Vater sprach. Und ich meine, dadurch ist unser Beten lebendiger und wahrhaftiger geworden, nicht mehr so schematisch und formelhaft. So ist eigentlich bei uns ein wenig von dem wirklich geworden, was dieser Mann aus Nazaret nannte: „Das Himmelreich ist nahe bei euch, oder ist in euch."

Und das kann doch nun nicht zu Ende sein. Ich will zu unserem Vorsteher gehen und ihm vorschlagen, daß wir bei aller Reserve, die wir noch immer gegen die Juden haben, doch einmal versuchen sollten, mit den Jüngern in Kontakt zu kommen, die damals mit ihm zogen. Vielleicht können die uns ein wenig mehr berichten. Aber das weiß ich jetzt schon – für mich lebt er – mich hat er zum Leben befreit.

Exkurs 5

Steine, Träume und ein Tanz

Oder, was passiert, wenn erhobene Arme sinken

Am frühen Morgen begab Jesus sich wieder in den Tempel. Alles Volk kam zu ihm. Er setzte sich und lehrte es. Da brachten die Schriftgelehrten und die Pharisäer eine Frau, die beim Ehebruch ertappt worden war. Sie stellten sie in die Mitte und sagten zu ihm: Meister, diese Frau wurde beim Ehebruch auf frischer Tat ertappt. Mose hat uns im Gesetz vorgeschrieben, solche Frauen zu steinigen. Nun, was sagst du? Mit dieser Frage wollten sie ihn auf die Probe stellen, um einen Grund zu haben, ihn zu verklagen. Jesus aber bückte sich und schrieb mit dem Finger auf die Erde. Als sie hartnäckig weiterfragten, richtete er sich auf und sagte zu ihnen: Wer von euch ohne Sünde ist, werfe als erster einen Stein auf sie. Und er bückte sich wieder und schrieb auf die Erde. Als sie seine Antwort gehört hatten, ging einer nach dem andern fort, zuerst die Ältesten. Jesus blieb allein zurück mit der Frau, die noch in der Mitte stand. Er richtete sich auf und sagte zu ihr: Frau, wo sind sie geblieben? Hat dich keiner verurteilt? Sie antwortete: Keiner, Herr. Da sagte Jesus zu ihr: Auch ich verurteile dich nicht. Geh und sündige von jetzt an nicht mehr!

Joh 8,2–11; Einheitsübersetzung

Wir spielen eine Pantomime

Jesus auf einem niederen Hocker sitzend, nach vorn gebeugt, mit dem Finger auf die Erde schreibend. In einiger Entfernung die junge Frau, zusammengekauert am Boden. Eine Gruppe von sieben Pharisäern und Schriftgelehrten, jeder mit einem großen Stein bewaffnet, den Arm in Wurfstellung erhoben.

Jesus richtet sich auf und blickt die Pharisäer an. Eindringlich. Beugt sich wieder und schreibt noch einmal auf die Erde, in den Staub.

Nach einer Weile läßt der erste der Schriftgelehrten seinen Arm sinken, legt den Stein aus der Hand. Wendet sich um, geht. Es dauert ein wenig, bis ein weiterer der bedrohlich erhobenen Arme sinkt. Dann noch einer und noch einer. Bis sieben Steine auf der Erde liegen und von den Anklägern keiner mehr zu sehen ist.

Jesus erhebt sich, schaut die Frau an, die sich unter seinem Blick ebenfalls aufrichtet. Als sie sich Aug in Auge gegenüberstehen, macht Jesus eine weit ausladende Geste, die sie einlädt, frei wegzugehen ...

Ich spiele einen Pharisäer. Einen der drei jüngeren, die zuletzt ihren Arm sinken lassen und den Stein ablegen. Das Mich-Lösen aus der Wurfstellung, das Sinken-Lassen des Armes, das Ablegen des schweren Steins, empfinde ich als außerordentlich erleichternd, wie eine Befreiung.

Nach der Anspannung des Spiels bin ich ermüdet, setze mich in eine Ecke, falle in Schlaf.

Erster Traum:
Wir sieben schriftgelehrten Pharisäer sind versammelt. Heftiges Palaver. Seit dem Vorfall sind einige Monate verstrichen. Wir reden noch einmal darüber. „Sie hätte doch gesteinigt gehört", meint Jehuda, mit dem zusammen ich die Thoraschule besucht habe. „Ja, ja – wieso haben wir eigentlich unserem Gesetz, der Thora, nicht Genüge getan, die uns so hoch und heilig ist", fragt Levi, der dritte von uns Jüngeren. „Aber habt ihr denn nicht auch gespürt, wie erleichternd es ist, einen Stein, den man schon zum Wurf parat hat, nicht

schleudern zu müssen, sondern weglegen zu dürfen“ – wage ich einzuwenden. Aber Baruch meint: „Das war nur dieser Jesus mit seinem Blick und seiner Gegenfrage, der uns verwirrt hat und vergessen ließ, was unsere Pflicht gewesen wäre.“ Und Obed fügt hinzu: „Ja, dieser Jesus bringt noch alles durcheinander, verführt das einfache Volk, daß es nicht mehr auf uns hört. Redet sogar mit Frauen; auch in seinem Gefolge sollen welche sein – ganz unerhört ist das, gegen jede Sitte und alles Herkommen.“ – „Neulich hat er sogar am Sabbat geheilt“, fährt Nahum fort – „natürlich auch wieder eine Frau – und zur Rede gestellt, geantwortet, der Sabbat sei für den Menschen da und nicht der Mensch für den Sabbat. Am Ende lehrt der noch, die Ehe sei für den Menschen da und nicht der Mensch für die Ehe!“ Das Handwerk müsse ihm nun doch endlich gelegt werden, „denn wo kommen wir sonst noch hin ...“ Da meldet sich der alte Abimelech zu Wort, der damals als erster den Stein aus der Hand gelegt hatte und gegangen war und dem wir dann alle gefolgt waren. „Liebe Freunde“, sagte er, „ihr wißt, daß ich mein ganzes Leben dem Studium der Thora gewidmet habe, und nie war ein Sabbat, an dem ich nicht in der Synagoge gewesen wäre, nie ein Festtag, an dem nicht die Bräuche unserer Väter in meinem Haus hochgehalten worden wären. So war ich auch dafür, daß wir dem Nazarener eine Falle stellten, indem wir ihn fragten, was seiner Ansicht nach mit der des Ehebruchs Überlieferten geschehen solle. Aber seine Gegenfrage an uns hat etwas zuinnerst in mir berührt. Mir kamen auf einmal Zweifel an unserem Vorgehen, unserer Denkweise, unserem Urteilen und Verurteilen. ‚Wer von euch ohne Sünde ist, werfe den ersten Stein.‘ Mir brannte auf einmal der Stein in der Hand, und sein Gewicht wuchs. Ich konnte nicht anders als ihn weglegen. Ich mußte vor mir selber und vor euch, und natürlich auch vor diesem Jesus und vor dieser jungen Frau, der Esther, zugeben ‚ohne Sünde bin ich nicht‘. Also kann ich auch den Stein nicht werfen.

Jetzt nicht und nie mehr. Denn wir alle sind ‚in den Staub geschrieben', wie Jeremia sagt; ich denke, das hat der Nazarener mit seiner Geste ausdrücken wollen. – Seither bin ich am Nachdenken, was es mit diesem Jesus auf sich hat. Ob er nicht doch eine Botschaft des Höchsten an uns hat. Ob seine Art, mit den Menschen umzugehen, nicht doch die richtige, die von Gott gewollte ist. Zum Beispiel die Esther, das junge Ding. Sicher war das nicht recht, was sie getan hat, sich als Verlobte, kurz vor der offiziellen Hochzeit, einem andern hinzugeben. Sie hat wohl den von den Eltern für sie ausgewählten, zwar rechtschaffenen und wohlhabenden, aber etwas ältlichen Zebulon nicht geliebt und ihr Herz an den jungen, hübschen, armen Hirten gehängt, mit dem wir sie im Weinberg erwischt haben. Doch sagt, wer hätte etwas davon, wenn sie heute erschlagen läge? Ich für meinen Teil bin jeden Abend froh, mir sagen zu können, daß sie noch atmet. Ich kann überhaupt nicht mehr begreifen, daß ich je einmal anders gedacht habe. Ich will mich übrigens einmal umhören, was aus ihr geworden ist ..." – „Ich habe gehört, sei sei nach Galiläa gegangen, zu einer entfernten Verwandten, die zu den Sympathisanten der Jesus-Leute gehöre", melde ich mich zu Wort. „Sie soll sich um Kranke und Sterbende kümmern, und es habe sich schon herumgesprochen, daß sie eine gute Hand dafür hat. Daß die Sterbenden ruhig würden in ihrer Gegenwart und in Frieden zu ihren Vätern hinübergingen."
„Also Freunde", ließ sich Abimelech noch einmal vernehmen, „um zu einem Schluß zu kommen, meine ich, wir sollten genau beobachten, am wirklichen Leben beobachten, wo man hinkommt, wenn man sich so verhält, wie es dieser Mann aus Nazaret verkündet und mit denen praktiziert, die ihm begegnen, ihm nachfolgen. Er soll übrigens nicht leichtfertig über die Ehe lehren, sondern sehr streng. Besonders uns Männern räumt er keine einseitigen Vorrechte mehr ein – das empfinden sogar viele seiner Anhänger als hart. Wenn seine Weisungen dem Leben dienen, einem befreiten Leben,

zu dem der Mensch von der Schöpfung her schon gerufen war, dann wird seine Bewegung nicht aufzuhalten sein, und dann wären wir schlecht beraten, uns dagegen zu stemmen. Laßt es uns also mit Geduld und ohne Vorurteile beobachten."

Ich erwache, wische mir über die Augen (wo bin ich?) und träume weiter.

Zweiter Traum:
Rebecca, meine Frau, kommt gerade von einer Gemeindeversammlung nach Hause. Sie hat heute viel zu erzählen. „Du weißt doch", beginnt sie, „vor kurzem kam eine Frau aus Galiläa zu uns." (Zu uns: das ist eine kleine christliche Gemeinde aus Juden und Proselyten und Heiden in einem Flecken in der Nähe von Antiochien in Syrien.) „Und du weißt doch, was für ein Gerücht ihr vorausging. Sie soll – wie du auch – Jesus einmal persönlich begegnet sein. Sie sei, sagte man, jene junge Frau, die ihr Pharisäer beim Ehebruch ertappt und vor Jesus geschleppt hattet, um herauszufinden, wie er zum überlieferten Gesetz stünde. Du hast mir diese Szene ja xmal geschildert, denn damals hat es doch angefangen, daß du nachzudenken und nachzufragen begannst, ob denn alles wirklich richtig sei, was du in der Thoraschule gelernt. Und hat nicht auch dein väterlicher Freund Abimelech damals seine Lebenswende erlebt?" „Ja, ja", höre ich mich sagen, „Abimelech hat sich zunächst ganz zurückgezogen und für sich nachgedacht. In dieser Zeit ist Jesus hingerichtet worden. Daß unsere geistlichen Führer sich sogar mit den römischen Besatzern zusammentaten, um seine Verurteilung zu erreichen, hat Abimelech sehr mißfallen; er verzichtete von da an auf seine Stimme im Hohen Rat. Sehr erstaunt waren er und auch ich, als kurze Zeit nach des Nazareners Tod seine Jünger öffentlich auftraten und behaupteten, Gott habe ihn nicht verlassen, sondern auferweckt

und zu seiner Rechten erhöht und im Geist sei er weiterhin bei den Seinen. Weil die Jünger so begeisternd redeten und so mutig waren, vor Strafen und Todesdrohung nicht zurückschreckten, weil sie Kranke heilten wie Jesus selber, haben sich damals viele Menschen in Jerusalem, bald auch in Judäa, in Galiläa und sogar in Samarien zum Weg Jesu bekehrt und Gemeinden gebildet. Eines Tages ging auch Abimelech zu Petrus und schloß sich bald darauf der Jerusalemer Gemeinde an. Das zerstreute meine letzten Bedenken; auch ich bat um Aufnahme. Aber das weißt du ja selber, Rebecca, denn ich lernte dich dann bald in der Gemeinde kennen. Und ich weiß noch genau, daß unsere erste ernsthafte Unterhaltung erwachsen ist aus einem Gespräch über jenen Vorfall."

„Freilich erinnere ich mich", fuhr Rebecca dazwischen, „die Geschichte ist ja in allen Gemeinden immer wieder erzählt worden, und vor allem wir Frauen haben sie gern gehört, denn wir haben gerade an dieser Geschichte viel von dem begriffen, was das Neue und Andersartige ist am Weg Jesu: die Absage an das Verurteilen und das Neu-Anfangen-Dürfen. Als du, Jochanan, an jenem Abend dich als einer aus der Pharisäerrunde von damals zu erkennen gegeben hast und erzähltest, wie schwer es dir zuerst war, von einer Bestimmung des mosaischen Gesetzes abzugehen und den Stein aus der Hand zu legen – wie in dem Moment aber, wo du den Stein aus deiner Hand rollen ließest, ein befreiendes Aufatmen dich durchströmte, da sah ich ein Leuchten auf deinem Gesicht, das mich ergriff und für dich einnahm. Diese unsere Geschichte habe ich heute der Esther – so heißt jene Frau nämlich – erzählt. Sie nickte dazu und lächelte still in sich hinein und bedeutete mir, noch zu bleiben, als die anderen gingen. Als wir allein waren, sagte sie: ‚Fast vierzig Jahre ist das nun her, so lang wie unsere Väter – und Mütter, fügte sie der üblichen Redewendung hinzu – durch die Wüste gezogen sind. Es war kurz bevor sie Jesus kreuzigten – sie sammelten Material gegen ihn. Ich war damals ein heißblütiges, lebenshungriges junges Mädchen, wollte mich nicht in die von den Eltern vereinbarte Heirat schicken, wollte wenigstens vor der endgültigen Heimführung durch einen Mann, den ich nicht lieben konnte, mit jenem anderen, dem Herz und Sinne zugetan waren, mit dem aber keine Aussicht auf Heirat bestand, ein einziges Mal zusammen sein. Und da lauerten sie mir auf. Vielleicht weniger, um wieder einmal ein solch grausames Exempel zu statuieren, als vielmehr, um Jesus eine Falle zu stellen. Jedenfalls hat mir der alte Abimelech das später einmal so erklärt. Dazu passen würde auch, daß sie meinen Freund, den Hirten, entkommen ließen, obwohl er doch nach ihrem Gesetz auch schuldig gewesen wäre, denn er hat sich am „Besitzrecht“ meines Verlobten vergangen. Weißt du, Rebecca – fuhr sie fort – in der Zeit danach, wo ich in Galiläa war, da ist mir soviel aufgegangen – vieles ist mir wie Schuppen von den Augen gefallen. Unsere ganze Situation als Frauen habe ich nach und nach begriffen. Wie wir nur Objekt waren, Besitz der Männer, zuerst des Vaters, dann des Ehemannes, und als Witwen gar angewiesen auf den Schwager. Als Jesus nach dem Hinausgehen der Pharisäer mich angeschaut und gefragt hat ‚Frau, hat dich niemand verurteilt?‘, da hab ich zum erstenmal intuitiv gefühlt, daß es noch etwas ganz anderes geben kann zwischen Frau und Mann als jene geschlechtliche und besitzrechtliche Abhängigkeit und die Drohung mit dem Gesetz. Ein Menschsein nämlich, wo keine und keiner unterdrückt und abhängig ist (und sich deshalb auch nicht untergründig zu rächen braucht), wo jede und jeder sich frei entfalten kann nach den Anlagen, die der Schöpfer ihr oder ihm mitgegeben hat, wo Mann und Frau vor allem auch vor Gott gleich dastehen. –

Da es für mich damals kein Zurück in mein Dorf, in mein Elternhaus gab und erst recht nicht die Heimführung in das Haus des mir vorbestimmten Ehemannes, machte ich mich auf den Weg nach Kapernaum in Galiläa zu einer Base meiner Mutter, von der ich wußte, daß sie Kontakt zu den Frauen um Jesus hatte. Nachdem ich ihr alles erzählt hatte, sagte sie nur: ‚Wen Jesus nicht verurteilt hat, den kann ich auch nicht verurteilen. Bleib nur hier, Arbeit gibt es genug; es kommen nämlich noch immer viele Kranke hierher in der Hoffnung, Jesus zu treffen.‘ Sie war Witwe und eine gottesfürchtige Frau, die auf den Messias wartete, und hatte Jesus und seinen Anhängern ihr Haus geöffnet. Es dauerte nicht lange, bis aus Jerusalem die Nachricht von Jesu Hinrichtung kam; zu unserem großen Erstaunen aber auch die Kunde, daß die Frauen, die den Leichnam salben wollten, das Grab leer gefunden hätten. Auch hörten wir, er sei einigen von den Seinen in einer Weise erschienen (niemand wußte recht, wie man diese Erfahrung ausdrücken sollte), daß diese überzeugt waren, er lebe auf eine neue, andere Weise. Sie nannten das „Gott hat ihn auferweckt und uns sehen lassen“. Und das machte ihnen Mut, alles das, was sie zu seinen Lebzeiten von ihm gehört und in seiner Gemeinschaft erfahren hatten, nicht aufzugeben, sondern weiterzutragen in der Hoffnung, daß er bald wiederkehren und das Gottesreich vollenden werde.

So bin ich dann bald nach Jerusalem gewandert, habe zuerst den Frauen und über sie den führenden Männern der Gemeinde gesagt, wer ich bin; sie ließen mich bei sich leben und mitarbeiten und spendeten mir nach einer Zeit der Erprobung die Taufe. In jenen Jahren kamen viele, die fragten und mit den Aposteln diskutierten. Bald wurde ich nicht nur beim Tischdienst eingesetzt, sondern zusammen mit Frauen, die Jesus noch begleitet hatten, dazu ausersehen, mich um die vielen Frauen und Mädchen zu kümmern, die um Aufnahme in die Gemeinschaft der Jesus-Nachfolger baten. Frauen begann ja aufzuleuchten, wie stark ihr Leben sich verändert, wenn sie wirklich an Jesus zu glauben anfingen. Daß sie überhaupt auch einmal jemand waren. Daß sie bei dem Gott, den Jesus seinen und unseren Vater nannte, Ansehen hatten. Daß sie ihr eigenes Fühlen und Denken wahrnehmen und wichtig nehmen durften. Daß damit auch Verantwortung verbunden war. Allerdings kamen auch Streitigkeiten darüber auf, wie weit das mosaische Gesetz noch Geltung habe, was davon befolgt werden müsse, was nicht. Und auch in diesem Zusammenhang wurde oft meine Geschichte erzählt und an ihr erläutert, daß solche Fragen nicht einfach logisch und juristisch zu beantworten sind, sondern aus dem neuen, Einsicht auslösenden, vergebenden, befreienden Geist, aus dem Jesus gelebt und den er den Seinen bleibend zugesagt hat, von Fall zu Fall Antworten gesucht werden müssen. Begierig griffen viele Frauen diese Einsichten auf, aber es gab auch unter uns Diskussionen, was wir nun dürfen und was nicht. Das hing auch damit zusammen, daß wir eine recht gemischte Gesellschaft waren aus solchen, die Jesus noch persönlich gefolgt waren, solchen, die aus den verschiedenen Strömungen des Judentums kamen, aus ehemaligen Heiden, die dem Judentum mit seinem Glauben an den Einen Gott nahestanden oder bereits dazu übergetreten waren. Jede brachte da ihre Vergangenheit mit, und das war gar nicht so einfach. Wir mußten viel Geduld und Verständnis füreinander aufbringen. So gab es Gemeinden, in denen Frauen genauso wie Männer lehrten und die Gemeinde leiteten, und andere, wo das verpönt war. In den Gemeinden, die von Paulus aus Tarsus in Europa gegründet wurden, haben sich die Frauen am weitesten vorgewagt; sie haben den üblichen Schleier bei der gottesdienstlichen Versammlung nicht mehr getragen und öffentlich das Wort ergriffen. Die Streitigkeiten drangen bis zu uns, und der Satz „das Weib schweige in der Gemeinde" machte auch bei uns die Runde. Wir hatten einige Mühe, den Männern in unserer Gemeinde klarzumachen, daß wir zwar durchaus nach dem Vorbild Jesu und seiner Frohen Botschaft leben und keinen Geschlechterkampf wollten, daß wir aber hinter grundsätzliche Einsichten in unser Gleichsein vor Gott nicht zurück könnten. Bei den Galatern in Kleinasien flammten diese Streitigkeiten besonders heftig auf, und es war gut, daß Paulus ihnen das jetzt schon berühmte Wort geschrieben hat „Es gibt nicht mehr Juden und Griechen, nicht Sklaven und Freie, nicht Mann und Frau; denn ihr alle seid ‚einer' in Christus Jesus." Darauf, Rebecca, können und müssen wir uns berufen, denn – was denkst du, warum ich nun, wo ich nicht mehr die Jüngste bin, mich auf den Weg gemacht habe und möglichst viele Gemeinden besuche? Es sind Kräfte am Werk, die jenen befreienden Aufbruch, den gerade wir Frauen durch Jesu Umgang mit uns erfahren haben, wieder rückgängig machen wollen. Kräfte, die vergessen machen wollen, daß Frauen die ersten Zeugen der Auferstehung des Herrn waren und daß eben diese Frauen mit dieser wahrhaft umwerfenden Botschaft zu den verängstigten und mutlosen Jüngern gesandt wurden. Kräfte, die zurückgreifen wollen auf die alten Muster der Rollenverteilung zwischen Männern – oben, stark, wortmächtig – und Frauen – unten, schwach, schweigend. Kräfte in unseren eigenen Reihen, die das Neue, das Jesus gebracht hat, nicht wirklich erfaßt haben. Deshalb müssen wir wachsam sein, müssen wir zusammenhalten, müssen wir nach Bundesgenossen Ausschau halten ...

Jemand berührt meine Stirn. „Bist du so müde?", tönt es in mein Ohr, ich nicke im Halbschlaf ...

Dritter Traum:
Presbyterversammlung in der Nähe von Ephesus in Kleinasien. Auf der Tagesordnung steht die Anhörung einer Abordnung von Frauen, eine bekannte Jesus-Geschichte betreffend. Vorbei sind die Zeiten, als in der ersten Begeisterung die Christusgläubigen ohne Ansehen von Geschlecht, sozialem Status oder früherer Volks- und Religionszugehörigkeit in Gemeindeversammlungen alles gemeinsam berieten; bestimmte Dienstämter wie Diakone, Presbyter, Episkopen hatten sich herausgebildet, teils in Anlehnung an Vorbilder der Synagoge, teils nachgebildet dem Vereinswesen im Römi-

schen Reich, denn das war eine Rechtsform, nach der sich Gemeinden auch nach außen hin konstituieren konnten. Einhergegangen war mit diesen Prozessen, daß nur Männer in diese Dienstämter berufen wurden – auch das in Anlehnung an die patriarchalisch bestimmte Umwelt, sei es des Judentums, sei es des Heidentums. Frauen, die in der Frühzeit unbefangen Dienste übernommen hatten, sahen sich wieder zurückgedrängt auf die Arbeit nur mit Frauen, so im Taufkatechumenat, in der Betreuung von Kranken, in der Taufspendung für Frauen. Außer Vereinigungen von Witwen, die solche Dienste in den Gemeinden ausübten, hatten sich Gruppen von Jungfrauen gebildet; das waren junge Frauen, die aufgrund ihres christlichen Selbstverständnisses ihren Wert als Menschen nicht mehr von Heirat und Ehemann und Nachwuchs herleiten wollten; die frei sein wollten für den Dienst am Aufbau des Gottesreiches; sie beriefen sich auf Äußerungen des Paulus aus Tarsus. Aus solchen selbständigen unverheirateten und verwitweten Frauen bestand die Abordnung, die bei den versammelten Presbytern der Episkopalkirche von Ephesus um Gehör bat.

„Verehrte Brüder", begann die Sprecherin, „wir möchten eure Aufmerksamkeit darauf lenken, daß eine Jesus-Erzählung, die in den gottesdienstlichen Versammlungen erzählt und ausgelegt wird, seit es christliche Gemeinden gibt, und die besonders uns Frauen lieb und teuer ist, bisher in keine der „Evangelien" genannten Sammlungen aufgenommen wurde. Bei Markus fanden wir sie nicht, und nicht bei Matthäus. Wir hofften dann auf die Sammlung des Lukas, aber obwohl er besonders viele Begegnungen Jesu mit Frauen wiedergegeben hat, suchten wir nach der von uns gemeinten Geschichte vergebens. Es handelt sich um jene, wo Schriftgelehrte und Pharisäer eine junge verlobte Frau, die beim Ehebruch ertappt worden war, vor den im Tempel lehrenden Jesus schleppten und darauf lauerten, wie er sich zwischen Treue zum überlieferten Gesetz, das für diesen Fall die Steinigung vorsah, und der von ihm bekannten Güte und Milde gegenüber Sündern verhalten würde. Unserer Meinung nach zeigt die Geschichte auf besonders eindrucksvolle Weise, wie Jesus überhaupt nicht einzuordnen ist in die Denkweise derer, die sich auf Gottes- und Gesetzesgelehrsamkeit beriefen – wie er die, die richten und das Urteil vollstrecken wollen, überführt und auf ihre eigene Sündigkeit verweist. Besonders schön an der Geschichte finden wir, daß er in diesem Fall Nachdenklichkeit und Einsicht erreicht hat, und – wie bekannt – haben später mindestens zwei aus der Runde zur christlichen Gemeinde gefunden, und auch jene Frau, die Jesus ihr Leben verdankte, hat später segensreich unter den Unseren gewirkt. – Wir haben nun gehört, daß Ihr über die Zusammenstellung eines weiteren Evangeliums beratet, in das die Überlieferungen aufgenommen werden sollen, die in den von Johannes beeinflußten Gemeinden lebendig sind. Wir richten deshalb die dringende Bitte an euch, diese Geschichte dabei zu berücksichtigen, damit sie nicht der Vergessenheit anheimfällt."

Nach einem Gemurmel erhob sich einer der Presbyter und sagte: „Liebe Schwestern. Was ihr vortragt, ist uns nicht neu. Christinnen aus Rom haben uns in dem gleichen Anliegen einen Brief geschrieben. Aber es liegen uns auch Bedenken vor, und manche unter uns teilen diese Bedenken. Das eine ist formaler, das andere inhaltlicher Art. Formal paßt diese Geschichte schlecht zu dem sonstigen johanneischen Material, dem eine ganz andere Denk- und Sprechweise zugrunde liegt. Es würde dort wie ein Fremdkörper wirken, fürchte ich. Und inhaltlich? Markus und Lukas, die diese Geschichte ja gekannt haben müssen, werden schon gewußt haben, warum sie sie links liegen ließen! Da ist Sprengstoff drin! Die Großzügigkeit Jesu kann mißverstanden und mißbraucht werden! Auch ihr wißt, daß wir nun schon die dritte und vierte Generation nach jenen Ereignissen sind und wir uns offensichtlich auf eine längere Wartezeit bis zur Wiederkunft des

Herrn einrichten müssen. Da brauchen die Gemeindeglieder klare Lebensregeln; jede und jeder muß genau wissen, was man darf und was nicht, besonders auf dem wichtigen Gebiet der Ehe. Wir wollen zwar daran festhalten, daß für Männer genauso strenge Gesetze gelten wie für Frauen. Ihr stimmt sicher zu, daß sich das für Frauen segensreich auswirkt. Ob wir aber gegenüber einer schuldig gewordenen Frau so viel Milde walten lassen könnten wie Jesus in dieser Geschichte? Wozu würde das führen? – Habt also Verständnis, liebe Schwestern, daß wir über euren Antrag gründlich nachdenken und den Heiligen Geist um Erleuchtung bitten müssen und uns jetzt zur Beratung zurückziehen."

Am Sich-Erheben und Hinausgehen der Männer erwache ich ... und sehe meine Schwestern tanzen – um einen Haufen von Steinen ...

Exkurs 6

Flügelaltar für Martha

I

Wer in Nürnberg die Lorenzkirche aufsucht, stößt dort auf ein Schild MARTHA-ALTAR. Ohne diesen Hinweis hätte ich möglicherweise den spätmittelalterlichen Flügelaltar aus dem Jahre 1517 in einer Seitenkapelle übersehen und die eine der beiden weiblichen Heiligengestalten gar nicht als ‚Martha von Bethanien' erkannt. Sie ist nämlich ungewöhnlich: Ihr Fuß steht auf einem Drachen-Ungeheuer, aus dessen weit aufgesperrtem Rachen noch die Beine und der Rock eines Menschen herausragen, dessen Oberteil schon in seinem Schlund steckt. Vielleicht gibt der von Martha bezwungene, aber nicht getötete Drache sein Opfer gerade wieder frei! Die Haltung der Hände ist so, als ob sie an einer – heute nicht mehr vorhandenen – Leine den Drachen hielten.

Wie kam es zu einer solchen Darstellung der Martha als Drachenbezwingerin, die keinesfalls singulär dasteht, sondern mehrfach im süddeutschen, südfranzösischen, oberitalienischen Raum nachgewiesen werden kann vom Hoch- und Spätmittelalter über die Renaissance bis zum Barock? Martha, in unserem Bewußtsein meist eine etwas biedere Hausfrau, nun in einer Rolle, die wir eher von St. Georg, dem Drachenbezwinger, kennen? Allerdings mit einem Unterschied: Georg tötet gewöhnlich das Untier, Symbol alles Bösen, mit seinem Speer – Martha, die Frau, legt es an die Leine, bändigt es. Ein Stoff für tiefenpsychologische Betrachtungen!

Im Mittelalter, das Legenden liebte, war in Südfrankreich, wo es bereits in frühchristlicher Zeit eine Martha-Tradition gab, die Legende von Martha, der Drachenbändigerin, entstanden. In der Phantasie der Menschen führte sie ein asketisches Leben, stand einem Frauenkonvent vor, predigte, heilte Kranke und soll sogar einen Ertrunkenen wieder zum Leben erweckt haben. Einmal sei sie von den Leuten um Arles und Avignon um Hilfe gebeten worden, weil ein menschenfressender Drache, Tarascus genannt, in der Rhone läge, der die Schiffe versenke und die Vorüberkommenden töte. In einer von der evangelischen Theologin Elisabeth Moltmann-Wendel, die den verschiedenen Martha-Traditionen nachgespürt und sie wieder ans Licht der Öffentlichkeit gebracht hat, wiedergegebenen alten Legende heißt es: „Wider den Drachen zog Sancta Martha, denn das Volk bat sie. Sie fand ihn im Wald, wie er einen Menschen aß. Alsbald goß sie geweihtes Wasser über ihn und hielt ihm ein Kreuz vor, da war er besiegt und stund wie ein zahmes Lamm. Martha band ihn mit ihrem Gürtel" („Ein eigener Mensch werden – Frauen um Jesus", siehe Literaturbericht 1).

Wie paßt das zu dem Bild der Martha, das so viele verinnerlicht haben, dem Bild einer treu sorgenden, die irdischen Dinge verwaltenden Hausfrau, die nicht allzuviel Sinn hat für die höheren Bereiche des Geistig-Geistlichen, der man auch kaum einen solchen Mut zum Überwinden des Bösen zutrauen würde? Noch dazu auf eine so neue, andere Art als die männlichen, heldischen Drachentöter – fest, aber nicht tötend, mit dem Kreuz in der Hand statt der Lanze?

Schauen wir ins Neue Testament, wo das Schwesternpaar Martha und Maria sowohl bei Lukas wie bei Johannes begegnet. Die weit bekanntere lukanische Geschichte (Lk 10, 38–42) hat das geläufige Martha-Bild bestimmt. Wenden wir uns zunächst dem Begebnis zu, das Johannes überliefert. Es ist die Geschichte von der Auferweckung des Lazarus, der als Bruder der beiden Schwestern von Bethanien und als Freund Jesu bezeichnet wird. Die lange, theologisch höchst bedeutsame Perikope Joh 11,1–44 kann nur gerafft nacherzählt werden – unter besonderer Berücksichtigung der Person der Martha.

Lazarus ist erkrankt, vermutlich schwer, die Schwestern benachrichtigen Jesus hiervon – offensichtlich in der Hoffnung, er würde kommen und ihn gesund machen. Von Jesus wird ausdrücklich gesagt, er „liebte Martha, ihre Schwester und Lazarus" (Martha wird an erster Stelle genannt; augenscheinlich wird sie auch von Johannes – ähnlich wie von Lukas – als Herrin des Hauses gesehen. Dahinter steckt wohl eine echte historische Erinnerung wie auch eine Spiegelung der wichtigen Rolle, die Martha in der und für die Urgemeinde hatte). Jesus zögert jedoch zunächst, und als er endlich kommt, ist Lazarus gestorben und begraben, und das ist schon vier Tage her – also der Zeitpunkt überschritten, wo nach damaliger orientalischer Auffassung die Seele noch in der Nähe des Leibes sich aufhielt, um womöglich noch einmal in ihn zurückzukehren. „Als Martha hörte, daß Jesus komme, ging sie ihm entgegen, Maria aber blieb im Haus. Martha sagte zu Jesus: Herr, wärst du hier gewesen, dann wäre mein Bruder nicht gestorben. Aber auch jetzt weiß ich: Alles, worum du Gott bittest, wird Gott dir geben. Jesus sagte zu ihr: Dein Bruder wird auferstehen. Martha sagte zu ihm: Ich weiß, daß er auferstehen wird bei der Auferstehung am Letzten Tag. Jesus erwiderte ihr: Ich bin die Auferstehung und das Leben. Wer an mich glaubt, wird leben, auch wenn er stirbt, und jeder, der lebt und an mich glaubt, wird auf ewig nicht sterben. Glaubst du das? Martha antwortete ihm: Ja, Herr, ich glaube, daß du der Messias bist, der Sohn Gottes, der in die Welt kommen soll" (Joh 11,20–27).

Es ist zu spüren, daß wir hier in der Herzmitte des Evangeliums stehen. Ist uns aber auch bewußt, was es bedeutet, daß Jesus dieses hochwichtige Gespräch seiner Selbstoffenbarung mit einer Frau führt? Und daß diese Frau, diese Martha, ein Bekenntnis ablegt, das der berühmten Stelle Mt 16,16 fast wörtlich gleicht, wo Simon Petrus auf Jesu Frage „Ihr aber, für wen haltet ihr mich?" antwortet: „Du bist der Messias, der Sohn des lebendigen Gottes!" Die Wirkungsgeschichte dieser Stelle ist bekannt – das Petrusamt, das Papsttum ruht auf ihr. Welche Wirkungsgeschichte hat das Bekenntnis der Martha in der Geschichte der Christenheit bis jetzt gehabt?

Festzuhalten bleibt: An einem Höhe- und Wendepunkt der neutestamentlichen Heils- und Offenbarungsgeschichte – die Auferweckung des Lazarus führt direkt zum Beschluß des Hohen Rates, Jesus zu töten (Joh 11, 53) – steht eine Frau mit dem Namen Martha und erkennt und bekennt Jesus öffentlich als den Messias, den Sohn Gottes – ein Bekenntnis, das bis heute nicht verstummt ist.

II

Am vertrautesten in bezug auf Martha ist den meisten die Geschichte, die Lukas im 10. Kapitel seines Evangeliums erzählt:

„Sie zogen zusammen weiter, und er (gemeint ist Jesus) kam in ein Dorf. Eine Frau namens Martha nahm ihn freundlich auf. Sie hatte eine Schwester, die Maria hieß. Maria setzte sich dem Herrn zu Füßen und hörte seinen Worten zu. Martha aber war ganz davon in Anspruch genommen, für ihn zu sorgen (eigentlich: ihm zu dienen). Sie kam zu ihm und sagte: Herr, kümmert es dich nicht, daß meine Schwester die ganze Arbeit (eigentlich: den ganzen Dienst) mir allein überläßt? Sag ihr doch, sie soll mir helfen! Der Herr antwortete: Martha, Martha, du machst dir viele Sorgen und Mühen. Aber nur eines ist notwendig. Maria hat das Bessere (eigentlich: das Gute) gewählt, das soll ihr nicht genommen werden" (Lk 10, 38–42).

Diese Perikope, die auch in der Kunst unzählige Male dargestellt wurde, hat vor allem bei Frauen zwiespältige Gefühle ausgelöst. Denn den meisten Frauen ist ja im Leben die Rolle der Martha zugefallen, und es wird erwartet, daß wir sie möglichst gut ausfüllen. Viele Frauen möchten durchaus gern wie Maria dem Herrn zu Füßen sitzen und ihm lauschen, seine Worte ins Herz aufnehmen, dort ‚bewegen und bewahren' – wie es von der anderen Maria, der Mutter Jesu, gesagt wird.

Es tut uns Frauen ein wenig weh, das, was uns doch vom Leben aufgetragen ist und was für das Leben auch so unumgänglich nötig ist, hier abgewertet zu finden – zumindest so, wie es sich aus dem vordergründigen Verständnis anhört und in vielen Auslegungen und Predigten vermittelt wurde.

Wie erstaunt können Frauen sein, einmal eine ganz andere, vom üblichen Tenor abweichende Interpretation zu finden. Und zwar, erstaunlicherweise, nicht aus unserer Zeit, sondern aus dem hohen Mittelalter. Kein geringerer als der Dominikaner-Prediger und Mystiker Meister Eckehart hat in seiner Predigt 28 eine kühne Umkehrung vorgenommen: Er sieht in Martha die reife Frau, die auch im Glauben reife Frau, die aus innerer Fülle sich dem tätigen Leben zuwenden kann. Maria dagegen ist in seiner Sicht noch unfertig – sie hat es gleichsam nötig, dem Herrn zu lauschen. Die Frage der Martha sieht er so: „Martha fürchtete, daß ihre Schwester im Wohlgefühl und in der Süße stecken bliebe." Nach ihm wünscht Martha sich, daß die Schwester wird, wie sie selbst – nämlich offen und frei, sich den notwendigen Aufgaben zuzuwenden. Die Antwort Jesu interpretiert er so: „Deshalb sprach Christus und meinte: Sei beruhigt, Martha, auch sie hat den besten (guten) Teil erwählt. Dies hier wird sich bei ihr verlieren. Das Höchste, das wird ihr zuteil werden: sie wird selig werden wie du!"

Meister Eckharts Interpretation hat einen ganz realen Hintergrund. Seine Zeit war die Blüte der Mystik, vor allem auch der Frauenmystik. Als geistlicher Berater hatte er Kontakt zu und Einblick in viele Frauenkonvente. Und es ist bekannt, daß er diese geistlichen Frauen davor warnte, sich in mystischer Ergötzung zu verlieren: Bekannt ist sein Wort, daß es gottgefälliger sei, einem Bettler einen Teller Suppe zu geben, wenn er darum bittet und ihn nötig hat, als sich Gebetsverzückungen hinzugeben. Auf dieser Linie liegt seine Sicht von Martha und Maria.

Ganz ähnlich denkt übrigens fast dreihundert Jahre später eine andere große Mystikerin, Teresa von Àvila, die selbst immer wieder von der mystischen Versenkung weg und hinaus ins tätige Leben ging und sich dabei abgearbeitet hat. Sie sagt einmal zu ihren Mitschwestern: „Glaubt mir, Martha und Maria müssen beisammen sein, um den Herrn beherbergen zu können, sonst wird er schlecht bewirtet sein und ohne Speise bleiben. Wie hätte Maria, die immer zu seinen Füßen saß, ihm etwas zu essen gegeben, wenn die Schwester ihr nicht beigesprungen wäre." Eine bekannte Theologin unserer Tage, Dorothee Sölle, sagt zu dieser Stelle: „Nur beide Schwestern zusammen können Christus ‚beherbergen', so daß er einen Ort auf dieser Welt hätte." Christinnen heute sollten beide Schwestern in sich zur Ausprägung bringen!

Noch einmal zurück zu Meister Eckehart. Er ist ja Dominikaner, und bekanntlich hat der Ordensgründer Dominikus hauptsächlich in Südfrankreich gewirkt, dort wohl die frühe Frauenbewegung miterlebt und sich bemüht, die zu Selbstbewußtsein erwachenden Frauen nicht in die häretischen Bewegungen der Katharer und Albigenser abwandern zu lassen, bei denen sie anfangs mehr Möglichkeiten hatten, als in der rechtgläubigen Kirche. Er hat sicher die dort vorhandene Martha-Tradition gekannt und in seinen Predigerorden eingebracht. Die Stärke dieser Tradition geht zurück auf frühchristliche legendäre Überlieferungen, in denen wohl ein historischer Kern steckt (die in der christlichen Frauenbewegung engagierte evangelische Theologin Elisabeth Moltmann-Wendel hat diese Zusammenhänge aufgedeckt und uns wieder ins Bewußtsein gebracht). Danach sei das Geschwistertrio Martha, Maria und Lazarus, von denen anzunehmen ist, daß sie wichtige Persönlichkeiten der Urgemeinde waren, nach der Zerstörung Jerusalems im Jahre 70 und der Vertreibung fast aller Juden und Judenchristen aus Palästina in einem Floß übers Meer getrieben und in Südfrankreich, bei Marseille, gelandet. Alle drei hätten sofort zu missionieren begonnen, wurden also zu den Aposteln jenes Landstrichs, von dem historisch feststeht, daß er bereits sehr früh, im 2. Jahrhundert, christianisiert war. In Bildwerken, die sich auf diese Legende beziehen, wird Lazarus meist als Bischof dargestellt, Maria, die mit der Maria aus Magdala bzw. der ‚großen Sünderin' in eins gesehen wurde, als sinnlich-schöne, verführerische Frau oder bereits in Reue sich windend, Martha jedoch als die reife, beschützende, fruchtbringende Frau, manchmal sogar als Schutzmantel-Frau, einer typisch weiblichen Symbolik – nicht der Schwäche, sondern der Stärke! Es gibt sogar ein Bild, auf dem ihr bischöflicher Bruder vor Erschöpfung auf ihrem Schoß eingeschlafen ist!

III

Der Umgang der bildenden Kunst mit Inhalten der christlichen Überlieferung hat eine doppeldeutige Wirkung: Bilder haften tiefer im Gedächtnis als Texte, prägen die Vorstellung. Vielen Frauen ist das in den letzten Jahren bewußt geworden am Gottesbild: Gottvater, von der Kunst meist dargestellt als gütiger alter Mann mit weißem Bart. Oder die Bilder vom blonden, blauäugigen Jesus beziehungsweise seiner Mutter Maria: Haben sie nicht verstellt, daß Jesus und seine Mutter jüdische, orientalische Menschen waren? Sicher gibt es auch eine Berechtigung dafür, die Heilsgestalten ins eigene Lebensumfeld hineinzuinterpretieren: So wenn Jesus und Maria heute von Schwarzen schwarz, von Chinesen chinesisch und von Indios indianisch gesehen und dargestellt werden – so wie einst von unseren Vorfahren europäisch! Nur: es muß bewußt bleiben.

Auf eine für mein Empfinden ganz bezaubernde Art hat

der Dominikaner-Maler Fra Angelico im 15. Jahrhundert die Martha-Tradition aufgenommen und mit gläubiger Phantasie frei spielend weiterentwickelt. Fra Angelico – Papst Johannes Paul II. hat ihn vor einigen Jahren seliggesprochen und den bildenden Künstlern zum Patron gegeben – stellt sein Martha-Bild in einer Trias vor. Er zeichnet es ein in die Passion Jesu. Warum sollte auch gerade diese Frau in Jesu schwersten Stunden nicht in seiner Nähe gewesen sein – auch wenn die Evangelien das nicht ausdrücklich erwähnen, vielleicht sie subsummieren unter die ‚vielen Frauen'.

Da ist zunächst einmal das Bild ‚Gebet im Garten Getsemane'. Links oben, sehr ins Dunkel gerückt, Jesus etwas erhöht am Berg in Gebetshaltung; der ihn stärkende Engel über ihm. In der Mitte des Bildes die drei eingeschlafenen Jünger Petrus, Johannes, Jakobus. Rechts vorn an einer lichten Hausmauer zwei sitzende weibliche Gestalten, unser Schwesternpaar aus Bethanien, wachend. Maria – die Namen sind in die Heiligenscheine eingraviert – liest in einem Buch, Martha ist in ganz gesammelter, wacher Gebetshaltung dargestellt – in der gleichen wie Jesus. Sie hat in diesem Bild die intensivste Nähe zu ihm. Fra Angelico wollte zweifellos ausdrücken: die männlichen Jünger haben schon am Beginn der Passion Jesu versagt, während die weiblichen Anhängerinnen durchhielten.

In einem weiteren Bild stellt Fra Angelico Martha zusammen mit Veronica unter das Kreuz. Auch hier sind es ihre sprechenden Hände, die einen besonders berühren: aktives Gebet ist ausgedrückt, auch Schmerz und Entsetzen über das, was geschieht, vielleicht auch der Wunsch, daß etwas einträfe, was das Fiasko aufhält.

Da auf den beiden beschriebenen Bildern die jeweils namentlich bezeichnete Martha immer den gleichen grünen Mantel trägt (Farbsymbole waren für die alten Maler sehr bedeutsam), darf wohl auch die zwar nicht namentlich ausgewiesene, aber mit demselben grünen Mantel gekleidete Frau auf einer Grablegung Fra Angelicos als Martha angesehen werden: Der tote Jesus wird ins Grab gelegt – Maria, seine Mutter, bettet seinen Kopf, Maria Magdalena legt seine Füße zur letzten Ruhe nieder, während die Frau im grünen Mantel in der Bildmitte, die wir sicherlich als Martha ansehen dürfen, seine Hand in der ihren hält: Treue über den Tod hinaus.

Aus tiefer Gläubigkeit, mit großem Einfühlungsvermögen, in frauenfreundlicher Gesinnung nimmt der fromme Malermönch die in seinem Orden lebendige Tradition einer starken Martha auf und verleiht ihr in seiner gleichzeitig künstlerischen wie theologischen Phantasie Ausdruck. Seine Martha hat nichts von dem kleinlichen Küchenmief an sich, der sich leider bei vielen einstellt, wenn von Martha die Rede ist. Der evangelischen Theologin Elisabeth Moltmann-Wendel ist das Aufspüren der Martha-Tradition in der christlichen Ikonographie zu verdanken.

LITERATURBERICHTE

Frauen als Subjekte und Objekte theologischen Nachdenkens

Die nachfolgenden Literaturberichte sind überarbeitete und erweiterte Fassungen von Beiträgen, die für die Wochenschrift „Christ in der Gegenwart" beziehungsweise deren Beilage „Bücher der Gegenwart" gearbeitet wurden. Sie möchten veranschaulichen, was innerhalb des jüdisch-christlichen Überlieferungsstranges theologisch in den letzten Jahren erarbeitet wurde. Trotz subjektiver Auswahl könnten sie mithelfen, für die je eigenen Lesewünsche die geeignete Auswahl zu treffen.

Literaturbericht 1

Die Unsichtbaren werden sichtbar

Ein Spaziergang durch Buchhandlungen, die Durchsicht von Verlagsprospekten ergab auf Anhieb rund dreißig Titel zum Thema ‚Frau im theologischen Kontext'. Das ist bewußt weiter gefaßt als ‚feministische Theologie'. Von der streng wissenschaftlichen Arbeit bis zu Erfahrungsberichten und Gebeten, von der Vorstellung biblischer Frauengestalten bis zu Neuansätzen feministischer Theologie, von der engagierten Zustimmung bis zur kritischen Korrektur reicht das Spektrum. Auch für jeden Geldbeutel ist etwas dabei – vom preiswerten Taschenbuch bis zu teuren Drucken von Dissertations- und Habilitationsschriften.

Mit den sechs beziehungsweise acht Veröffentlichungen, die ohne enge Grenzziehung den wissenschaftlichen Arbeiten zuzuzählen sind, ist (mit einigen Sprüngen) ein Gang zu machen von den Stammüttern Sara, Rebecca, Lea und Rahel durch die alttestamentliche Heilsgeschichte zur Jesusbewegung und zum Urchristentum; eine besondere Station ist zu beachten: die Zeit der sich verfestigenden Kirchenstruktur mit ihrem Zurückdrängen der Frauen, dokumentiert in den Pastoralbriefen; sodann sind die Ursprünge des weiblichen Mönchtums im 4. Jahrhundert zu entdecken, im Hochmittelalter wäre der Frauenmystik nachzuspüren, und wer will, kann mit Erstaunen feststellen, daß in der Zeit von Renaissance und Humanismus, Reformation und Gegenreformation, Barock und Aufklärung die sogenannte ‚Querelle des

Femmes' (Auseinandersetzung um das Menschenbild) die Geister in Bewegung versetzte.

Wissenschaftliche Veröffentlichungen tragen eine Menge zum Verständnis der theologischen Frauenfrage bei. Zum Beispiel wurde und wird durch die historisch-kritische Methode erhellt, daß Frauen im Umgang mit Jesus befreiende, sie als Person voll annehmende Erfahrungen gemacht haben und daß dies in der ersten Phase der Urkirche ebenfalls der Fall war. Freilich gab es in der zweiten Phase eine – damals für das Überleben der christlichen Botschaft vielleicht notwendige – Anpassung an die patriarchalischen Denkmodelle und Strukturen sowohl des jüdischen wie des heidnisch-hellenistisch-antiken Raumes. Daß diese Option dann für fast 2000 Jahre die christliche Überlieferung und Lebenswirklichkeit geprägt hat – zwar nicht ausschließlich, weil gemildert durch den „Liebespatriarchalismus", aber doch weitgehend – und die vorausgehende grundlegende Erfahrung erst in unseren Tagen wieder mühsam freigelegt wird und so die Voraussetzungen dafür geschaffen werden, daß die Erkenntnisse auch zur Wirksamkeit gelangen können im gemeindlichen wie gesamtkirchlichen Leben – das ist der mühevollen Arbeit auch einer Reihe redlicher männlicher Exegeten zu verdanken.

Als ersten möchte ich da den Sammelband 95 aus der Reihe „Quaestiones Disputatae" „Die Frau im Urchristentum" **1** nennen, der die Beiträge einer wissenschaftlichen Tagung (1982) von Schnackenburg-Schülern wiedergibt, längere Zeit vergriffen war und jetzt in einer preiswerten Sonderausgabe für ein breiteres Lesepublikum zugänglich ist und wärmstens empfohlen werden kann. Gott sei Dank schreiben die meisten wissenschaftlich arbeitenden Theolog(inn)en heute so, daß ihnen der/die interessierte Normalleser/in durchaus folgen kann. Das gilt auch für die weiteren Bände (für **3** und **4** sind Griechisch-, für **5** und **6** Latein-Kenntnisse zwar nicht unabdingbar, aber nützlich, da nicht sämtliche Ausdrücke und Textpassagen übersetzt sind).

Hinter dem bescheiden klingenden Titel „Frauen in der biblischen Glaubensgeschichte“ **2** verbirgt sich die Ernte „eines mühsamen Weges des Ringens um Anerkennung der ordinierten Theologin im Amt der Kirche“: Im erst nach ihrer Pensionierung geschriebenen Werk geht Maria-Sybilla Heister der Geschichte der Frauen minutiös nach – von den Vätererzählungen über die geschichtliche Zeit des biblischen Israel bis zu den Evangelien, zeigt sie die Rolle der Frau im sakralen Bereich, in der prophetischen Verkündigung, im Hohenlied, in den Schöpfungstexten und deren Umdeutung in der Rezeption des Frühjudentums, bei Paulus und in der Paulusschule. Historisch-kritische Sachlichkeit verbindet sich mit tiefem Glaubensverständnis, Engagement für die Sache der Frauen mit guter Lesbarkeit, ein exakter Apparat erleichtert das Weiterarbeiten. Der neutestamentliche Teil ist, verglichen mit dem gründlichen und umfassenden alttestamentlichen Teil, schmal ausgefallen, berührt aber treffsicher einige besonders wichtige Punkte.

Der eben genannten ‚Umdeutung‘, die an die Wurzeln des Übels der Minderbewertung von Frauen in der Kirche bis heute führt, nimmt sich Max Küchler in seiner Habilitationsschrift „Schweigen, Schmuck und Schleier“ **3** mit detailhafter Unerbittlichkeit an. Schweigegebot, Schmuckverbot und Schleiergebot sind Schlüsselbegriffe für die Zurückdrängung der Frauen, die in der Jesusbewegung und der ersten Urchristenphase gespürt hatten, was es heißt: „... nicht mehr Mann und Frau, denn ihr alle seid einer in Christus Jesus“ (Gal 3,28). Begründet werden die genannten Ge- und Verbote vor allem in den Texten 1 Tim 2,8–15, 1 Kor 14,33b–36, 1 Petr 3,1–6 und 1 Kor 11,3–16. Küchler zeigt im ersten Teil auf, welche rabbinische Exegese bestimmter Stellen der jahwistischen Schöpfungs- und Paradiesesgeschichte hinter dieser Argumentation steht („jener von Männern für Männer geschaffenen Exegese, in welcher selbstverständlich die Bibel zu ungunsten der Frauen ausgelegt und nacherzählt wurde“). Er weist nach, daß diese – damals moderne – Exegese, von der auch Paulus beeinflußt war, nicht den eigentlichen Verkündigungssinn dieser Genesis-Stellen trifft und heute widerlegt ist. Er dringt auf die Folgerung, daß auch die daraus resultierenden Argumente nicht mehr stichhaltig sein können und sein dürfen. Er wagt am Schluß den Versuch, die einschlägigen Stellen ‚umzuschreiben' zugunsten „der unverhüllten Frauen Schmuck und Sprechen". – Im noch umfangreicheren zweiten Teil geht er der Erotisierung und Dämonisierung der Frau in außerkanonischen Schriften nach, die in den rund zweihundert Jahren vor und nach der Zeitenwende entstanden sind und großen Einfluß auf das damalige Judentum (kaum hingegen auf das spätere) und so auch auf die frühen (und leider auch die späteren) Christen hatten. Es ist zu hoffen, daß diese gründliche, engagierte Arbeit entsprechend rezipiert wird und zu Konsequenzen führt.

Welchen Einfluß apokryphe Schriften hatten, ist auch an der Dissertation von Ruth Albrecht **4** abzulesen. Zu den nicht in den Kanon aufgenommenen Schriften gehören die sogenannten Paulus-Akten, in denen eine Thekla die Hauptrolle spielt. Diese apokryphe, im 2. Jahrhundert entstandene, der kanonischen Apostelgeschichte formal nachgebildete, inhaltlich jedoch viel stärker auf sexuelle Enthaltsamkeit, auch auf Besitzlosigkeit ausgerichtete, romanhaft ausgeschmückte Erbauungsliteratur hatte bis ins 4. Jahrhundert hinein einen prägenden Einfluß auf die Christen. In anschaulichen Erzählungen wird die Thekla als eine junge Verlobte aus wohlhabend-angesehenem Hause geschildert, die – nachdem sie den Paulus gehört hat – alles verläßt und Wanderpredigerin wird, dabei zwei Martyrien überlebt, trotzdem jedoch in der Volksverehrung dem Erzmartyrer Stephanus an die Seite gestellt wird. Hinter dieser Thekla-Geschichte, die einen historischen Kern haben dürfte, steht wohl das Faktum, daß Frauen in den ersten Jahrhunderten sich dem Christentum stärker als Männer zuwandten, es aktiv verbreiteten und sich häufig vom Heiraten zurückhielten. Ruth Albrecht hat das Material dieses von der Forschung vernachlässigten Bereichs aufgearbeitet: Sie arbeitet die Verschiebung heraus: beim ‚echten' Paulus gibt es eine Empfehlung von Jungfräulichkeit und Ehelosigkeit; in diesen apokryphen Schriften, deren Nicht-Kanonizität für die damaligen Leser und Hörer noch keinesfalls feststand, wird diese Lebensform fast zur Heilsnotwendigkeit stilisiert. Frauen bezogen sich auf diese Thekla-Tradition, um ein jungfräuliches, eheloses Leben in Gefährtenschaft gleichgesinnter Frauen zu führen. In den Gestalten der Thekla und der Makrina stellt die Kirchenhistorikerin eine Verbindung her von den Frauen der Alten Kirche zum Beginn des weiblichen Mönchtums, das keinesfalls eine bloße Nachahmung des männlichen war. Daß sich die Autorin für Makrina (ca. 327–380), eine Schwester der bekannten östlichen Kirchenväter Basilius des Großen und Gregors von Nyssa, entschied, um frühes weibliches, monastisches Leben nachzuzeichnen, begründet sie neben der historischen Zuverlässigkeit damit, daß Makrinas ‚Vita' die wahrscheinlich „früheste ausführliche Lebensbeschreibung einer Frau, die ein Frauenkloster gründete", ist, und weil Makrina diesen Weg ging, als es noch keine feststehenden Modelle dafür gab. „Gegen das einengende Frauenbild von 1 Tim 2 kristallisiert sich eine Bewegung heraus, die sich aus dem öffentlichen Gemeindeleben bewußt zurückzieht, um sich ein eigenes Gebiet zu entdecken, in dem ein ganz anderes Frauenbild entwickelt und gelebt werden kann. Diese Frauen suchen ihre Seligkeit nicht im Kindergebären (1 Tim 2, 15), sondern in einem eigenen geistlichen Leben."

Die Lektüre verschafft einen interessanten Einblick in das sonst wenig bekannte reale Leben christlicher Frauen der Alten Kirche und läßt verstehen, warum im Christentum des ersten Jahrtausends die asketische Linie so stark wurde und Frauen besonders anzog: Nur in der Ehelosigkeit, nur in der klösterlichen Gemeinschaft waren ihnen selbstverantwortliches Leben, Zugang zur Bildung, Ausformung ihrer eigenen geistig-geistlichen Begabungen möglich. Dieser Traditionsstrang erfuhr im frühen zweiten christlichen Jahrtausend eine neue Blüte in der Mystik. Frauen hatten daran einen gewichtigen Anteil. Frauenmystik im Mittelalter als gesamteuropäisches Phänomen vorzustellen, hatte sich eine wissenschaftliche Studientagung der Akademie der Diözese Rottenburg-Stuttgart zum Ziel gesetzt, die in einem Sammelband **5** dokumentiert ist: 18 Beiträge von elf männlichen und fünf weiblichen Autoren – mehr Philologen als Theologen, die sich in der Mystikforschung auffällig zurückhalten. Neben allgemeiner bekannten Namen wie Hildegard von Bingen, Mechthild von Magdeburg, Birgitta von Schweden, Katharina von Siena stehen weniger bekannte, jedoch nicht weniger interessante, wie die flämische Mystikerin Hadewijch, die Wiener Begine Agnes Blannbekin, die englische Visionärin Juliane von Norwich und andere. Bei letzterer ist ein Aspekt ihrer Schauungen besonders erwähnenswert, nämlich das Motiv der ‚Mutterschaft Gottes'. In ihrer mystischen Theologie sieht sie in der Dreifaltigkeit Gottes die Vaterschaft im Vater, das mütterliche Prinzip von Christus, der Mutter des neuen Menschen repräsentiert, während der Heilige Geist als Herr und Gnadengeber gesehen wird. Juliana sieht besonders in der Mutter-Kind-Beziehung ein Analogon zur Beziehung zwischen Christus und dem Menschen. Jesus ist ihr Erzieherin, aber auch ‚mystische' Nährmutter, ja ‚Gebärerin' – nämlich zu Freude und unvergänglichem Leben (vgl. auch Literaturbericht 3). Diese Visionen Juliane von Norwichs haben den Maler und Priester Herbert Falken zu seinem Zyklus „Geburtstod" angeregt, in dem es u.a. ein Tryptichon „Schwangerer Mann selbdritt" (in Kreuzigungspose) gibt. Womit nur angedeutet sein soll, welche Konsequenzen die Wiederaufnahme solcher Bildsymbole in unser Bewußtsein haben könnte.

Wie wichtig es ist, daß Frauen sich solcher Forschungsgegenstände annehmen, mag das Folgende illustrieren: Mehr aus den Anmerkungen als dem eigentlichen Beitrag Elisabeth Gössmanns zu Hildegard von Bingen und Elisabeth von Schönau geht hervor, daß die vorhandenen Übersetzungen von Hildegards mystischen Schriften „patriarchalischer" klängen als das Original, und daß die Übersetzer übersehen hätten, wie Hildegard das zeitgenössische scholastische Frauenbild, das Gössmann differenziert aufweist, „unterlaufen" habe!

Elisabeth Gössmann ist eine jener Theologinnen, für die sich keine Lehrtätigkeit an einer deutschen katholischen theologischen Fakultät fand. Es mag diese Lebenserfahrung der 1928 Geborenen sein, die sie veranlaßt hat, sich zunächst mit der hauptsächlich in USA entstandenen feministischen Theologie auseinanderzusetzen – siehe Literaturbericht 2 – nun aber selbst verstärkt der Frauenforschung zu widmen. Als Ergebnisse liegen bisher drei Bände vor **6a, b, c**, auf die in diesem Zusammenhang nur kurz hingewiesen werden kann, was zu unterlassen jedoch sträflich wäre. Denn in diesen Bänden – die Reihe wird fortgesetzt – wird ‚Unsichtbares' sichtbar gemacht, werden ‚weiße Flecken' im Geschichtsbild aufgearbeitet: einmal der Streit um das Menschenbild, wie weit Frauen intellektuelle und ethische Ebenbürtigkeit zuzubilligen sei, wie weit sie an der ‚Gelehrsamkeit', auch der theologischen, teilnehmen dürften. Andererseits wird die faktisch vorhandene Gelehrsamkeit von Frauen etwa vom Beginn des 17. bis zum Ende des 18. Jahrhunderts – also vor dem eigentlichen Einsetzen der ersten Frauenbewegung – offengelegt. Wobei in der Frauengelehrsamkeit dieser Jahrhunderte auch das rezipiert wurde, was in Antike, Mittelalter und Renaissance von Frauen an wissenschaftlicher Tätigkeit schon geleistet worden war – stets jedoch wieder in einen eigenartigen Prozeß des Vergessens, Verschwindens, Unsichtbar-Werdens geriet. Die gründlichen Vor- bzw. Nachworte, Einleitungen, Anmerkungen sind Fundgruben!

Sind wissenschaftliche Arbeiten und die Aneignung ihrer Ergebnisse unverzichtbar, so ist es nicht minder wichtig, die Stimmen heutiger Frauen vernehmbar zu machen: Verstummte oder Stummgehaltene zum Reden zu bringen und aussprechen zu lassen, was sie denken und empfinden, nachdem sie sich selbst gefunden haben. Es ist müßig, theoretisch darüber zu streiten, ob Frauen anders glauben. Faktisch haben Frauen andere Lebensläufe und machen so auch andere Glaubenserfahrungen. Daß in der Öffentlichkeit bekannte Frauen von Dorothee Sölle bis Tatjana Goritschewa zunächst eher zum Reden beziehungsweise Schreiben gebracht werden konnten, bezeugen die Sammelbände **7** und **12**. Dagegen kommen in **10** und **11** namenlose Frauen aus der weltweiten Ökumene zu Wort und beschenken mit ihrem andersartigen spirituellen ‚Reichtum‘. In „Abel, wo ist deine Schwester?“ **9** sind es fünf ‚normale‘ Frauen verschiedener Altersstufen, die ihre Lebens- und Glaubenserfahrungen in Form freier Lyrik verdichteten und so anderen Mut machen, sich ähnlich ‚freizusprechen‘ – durchaus in der doppelsinnigen Bedeutung dieses Wortes zu verstehen. In **8** befreit sich eine im Pietismus aufgewachsene, in der kirchlichen Verwaltung tätige Frau Ende Dreißig vom Bild eines ihr übergestülpten ‚allmächtigen‘ Gottes und tastet sich vor zu ihrem eigenen Gottesbild, baut sich in einer Art „Laientheologie“ ihre persönliche Gottesbeziehung auf.

Der Aufbruch, die Bewegung von Frauen in den Kirchen, in der Theologie, hat ganz selbstverständlich ein Interesse gehabt und geweckt an den Frauengestalten der Bibel. Da sind Mütter, Schwestern, Vorfahrinnen, auch Vorbilder des Glaubens zu entdecken. Erstaunt stellen die Nachfahrinnen fest, daß auch diese Ahnfrauen bislang ein Schattendasein geführt hatten, im zweiten oder dritten Glied standen, von den Auslegern der Bibel wenig beachtet wurden, oft keinen eigenen Namen hatten, auch nur ‚Mitgemeinte‘ waren, im besten Fall durch den ‚Liebespatriarchalismus‘ vor Ausbeutung und Diskriminierung geschützt. Inzwischen liegt eine reiche Literatur dazu vor, zu der auch **2** und **12** zählen. ‚Ein eigener Mensch werden' – dazu hat das schon zum Klassiker gewordene Taschenbuch von Elisabeth Moltmann-Wendel **13** unzähligen Frauen verholfen. Sie hat ihnen anhand neutestamentlicher Frauengeschichten gezeigt, wie Frauen sich selbst spontan in der Bibel entdecken können, und zwar auch ohne große historisch-kritische Kenntnisse und exegetisches Spezialwissen, das meist von Männern gehütet wird. Mit ihr können Frauen zum Beispiel lernen, das ihnen immer vorgestellte Bild der tüchtigen Hausfrau Martha, das Generationen von Frauen in einen inneren Zwiespalt führte, für sich zu korrigieren (vgl. den Exkurs 6 „Flügelaltar für Martha").

Ein schmales Bändchen **14** gibt die Bibelarbeit vom Frauenforum des Düsseldorfer Evangelischen Kirchentages wieder (samt einigen weiteren Texten). Es geht um das Vergessen-Sein von Frauen beim nachsintflutlichen Segen und Neubeginn. Leserinnen werden dadurch angeregt, selbst mit wachen Augen solche ‚Fehlanzeigen' wahrzunehmen und einzuklagen. In **15** zeichnet Herta Pfister eine Reihe lebendiger Kurzportraits bekannter und vor allem weniger bekannter Frauen des Alten Testaments, schließend mit Maria an der Nahtstelle von Altem und Neuem Bund. Klug erzählend baut sie alte Mißverständnisse ab, zum Beispiel bei der Sündenfallgeschichte, hinterfragt jedoch nicht gewisse patriarchalische Vorgaben, zum Beispiel bei der Mirjamgeschichte, die auch anders interpretiert werden kann. Empfehlenswert besonders für ‚Neulinge' dieser Art biblischen Lesestoffs.

Einen ganz anderen Ton schlägt Eva Schirmer in ihren „Müttergeschichten" **16** an: Sie läßt elf Frauen aus dem Alten Testament selbst reden, manchmal ein wenig keck und modern. Ein Kabinettstück: das Tagebuchblatt der Asnat, der ägyptischen Frau Josephs! Daß die so lange wenig beachteten Frauen des Alten Testaments die Phantasie heutiger Frauen beflügeln, ist auch an den Frauengeschichten von

Ingeborg Kruse **17** und **18** abzulesen. Sie selbst gibt sie nicht als ‚endgültige Wahrheiten' aus, sondern als „Geschichten, die immer wieder neu und anders erzählt werden können". Wer das auf diese ganze Art von literarischem Umgang mit biblischen Texten überträgt, versteht diese ‚Nacherzählungen' in ihrem Stellenwert richtig. Die Bücher von Ingeborg Kruse, 1936 geborene Diakonin und Pfarrfrau mit Lehrauftrag, liegen im Grenzbereich von narrativer Theologie und freier literarischer Gestaltung. Ebenfalls in diesem Grenzbereich zwischen Literatur und Theologie angesiedelt sind Geno Hartlaubs Briefe **19**, die sie der aus der Apostelgeschichte und den Paulusbriefen bekannten Priscilla in die Feder diktiert. Hohes Einfühlungsvermögen in die antike Welt und ein sicheres Gespür für jene „Weltsekunde, die sich bisher nicht wiederholt hat", wo nämlich Frauen gleichberechtigte Mitglieder und Mitarbeiterinnen in den Gemeinden und der urchristlichen Mission waren, zeichnen das in meinen Augen ganz bezaubernde Buch aus.

Das Besondere an den „Gestalten aus der Geschichte des Glaubens" von Gisela Hommel **20** liegt darin, daß die Autorin viel Wissen ums Judentum mit verarbeitet hat und von einem wachen Gespür beseelt ist, daß wir noch immer ‚nach Auschwitz' leben. Neben biblischen Gestalten stehen bei ihr auch Frauen aus der Kirchengeschichte (Hildegard von Bingen, Therese von Lisieux – bei beiden findet sie überraschende Bezüge zum Judentum) und drei aus der Gegenwart. Zum Begriff Feminismus, feministische Theologie, wie ihn die Autorin verwendet, wären Klärungen nötig. – Als letztes sei auf ein Buch mit dem schlichten Titel „Frauengestalten der Bibel" **21** verwiesen. Auf fundierten bibelwissenschaftlichen Kenntnissen basierend, vermittelt die Autorin am Beispiel von Frauen bibeltheologische Zusammenhänge und Einsichten. Annemarie Ohler, promovierte, freischaffende katholische Theologin des Jahrgangs 1937, weist Motivzusammenhänge auf und kommt zu der Überzeugung, daß die Bibel „kein androzentrisches Buch“ ist: „Nicht der Mann steht im Mittelpunkt, sondern Gott und seine Botschaft der Rettung und Befreiung, die Männer und Frauen miteinander angeht und durch Männer und Frauen weitergetragen wurde und wird.“ Besonders hervorhebenswert: die Kapitel über die Frau im Hohenlied und über Maria, die Mutter Jesu – die zur „Jüngerin ihres Sohnes“ wird. Meisterliche Stoffbeherrschung und ein Bewegtsein von Gottes Heilshandeln machen die Lektüre zum intellektuellen und spirituellen Gewinn.

Titel, die im engeren Sinn ‚feministische Theologie‘ zum Thema haben, werden in einem zweiten Literaturbericht vorgestellt.

(Winter 1986/87)

*

1 *Gerhard Dautzenberg / Helmut Merklein / Karlheinz Müller* (Hrsg.): Die Frau im Urchristentum, Quaestiones disputatae, 95, Herder Verlag, Freiburg 1983, 358 S.

2 *Maria-Sybilla Heister:* Frauen in der biblischen Glaubensgeschichte, Vandenhoeck & Ruprecht, 2. Aufl., Göttingen 1986, 227 S.

3 *Max Küchler:* Schweigen, Schmuck und Schleier – Drei neutestamentliche Vorschriften zur Verdrängung der Frauen auf dem Hintergrund einer frauenfeindlichen Exegese des Alten Testaments im antiken Judentum, Universitätverlag Freiburg/Schweiz / Vandenhoeck & Ruprecht, Göttingen 1986, 543 S.

4 *Ruth Albrecht:* Das Leben der heiligen Makrina auf dem Hintergrund der Thekla-Traditionen – Studien zu den Ursprüngen des weiblichen Mönchtums im 4. Jh. in Kleinasien, Vandenhoeck & Ruprecht, Göttingen 1986, 473 S.

5 *Peter Dinzelbacher / Dieter R. Bauer* (Hrsg.): Frauenmystik im Mittelalter, Schwabenverlag, Ostfildern 1985, 397 S.

6 *Elisabeth Gössmann* (Hrsg.): Archiv für philosophie- und theologiegeschichtliche Frauenforschung, judicium-Verlag, München,
a) Band 1: Das wohlgelahrte Frauenzimmer, 1984, 213 S.
b) Band 2: Eva Gottes Meisterwerk, 1985, 290 S.
c) Band 3: Johann Caspar Eberti „Eröffnetes Cabinet Deß Gelehrten Frauen-Zimmers“, Unveränderter Nachdruck der Ausgabe 1706, 1986, 384 S. + 42 S. Vorwort u. Register.

7 *Marianne Dirks* (Hrsg.): Glauben Frauen anders? – Erfahrungen, Verlag Herder, Freiburg 1983, 192 S.

8 *Renate Elian:* Lobe den Schöpfer, meine Seele, und vergiß fast alles, was man dir von ihm gesagt hat, Kreuz Verlag, Stuttgart 1985, 207 S.
9 *Christel Voß-Goldstein* (Hrsg.): Abel, wo ist deine Schwester? Frauenfragen, Frauengebete, Patmos-Verlag, Düsseldorf [2]1988, 188 S.
10 *Sybille Fritsch/Bärbel von Wartenberg-Potter* (Hrsg.): Die tägliche Erfindung der Zärtlichkeit – Gebete und Poesie von Frauen aus aller Welt, Siebenstern TB 489, Gütersloh 1986, 128 S.
11 *Bärbel von Wartenberg-Potter* (Hrsg.): Aufrecht und frei – Was Frauen heute in der Bibel entdecken, Burckhardthaus-Laetare Verlag, Offenbach/M. 1986, 94 S.
12 *Karin Walter* (Hrsg.): Frauen entdecken die Bibel, Verlag Herder, Freiburg 1986, 200 S.
13 *Elisabeth Moltmann-Wendel:* Ein eigener Mensch werden – Frauen um Jesus, Siebenstern-TB 10006, 5. Aufl. Gütersloh 1985, 150 S.
14 *Elisabeth Moltmann-Wendel/Annemarie Schönherr/Reinhild Traitler* (Hrsg.): Seid fruchtbar und wehrt Euch – Frauentexte zum Kirchentag, Chr. Kaiser Verlag, München 1986, 84 S.
15 *Herta Pfister:* Der an uns Gefallen findet – Frauen im Alten Testament, Verlag Herder, Freiburg 1986, 96 S.
16 *Eva Schirmer:* Müttergeschichten – Frauen aus dem Alten Testament erzählen von ihrem Leben, Burckhardthaus-Laetare-Verlag, Offenbach/M. 1986, 94 S.
17 *Ingeborg Kruse:* Unter dem Schleier ein Lachen. Neue Frauengeschichten aus dem Alten Testament, Kreuz Verlag, Stuttgart 1986, 238 S.
18 *Ingeborg Kruse:* Mädchen, wach auf!, Frauengeschichten aus dem Neuen Testament, Kreuz Verlag, Stuttgart 1989, 223 S.
19 *Geno Hartlaub:* Freue dich, du bist eine Frau – Briefe der Priscilla, Verlag Herder, Freiburg 1983, 126 S.
20 *Gisela Hommel:* Frauen wie Debora – Gestalten aus der Geschichte des Glaubens, Herder-TB 1316, Freiburg 1986, 128 S.
21 *Annemarie Ohler:* Frauengestalten der Bibel, Echter-Verlag, Würzburg 1987, 228 S.

Stummgehaltene beginnen zu reden

Vor gut zwölf Jahren erschien ein Sammelband mit dem Titel „Menschenrechte für die Frau". Er war die erste deutschsprachige Veröffentlichung zum Thema ‚Feministische Theologie' und vermittelte neben einem umfangreichen Teil I „Christentum und Frauenbewegung in Deutschland" aus der Feder der Herausgeberin Elisabeth Moltmann-Wendel in einem Teil II „Theologische Texte zur Frauenbefreiung" überwiegend amerikanischer Autor(inn)en, die bis dahin bei uns so gut wie unbekannt waren. Der Band ist ein ‚Klassiker' geworden und liegt in mehrfach veränderter, 4. Auflage unter dem Titel „Frauenbefreiung" **1** vor – nach wie vor lesenswert. Das gilt auch für zwei weitere ‚Klassiker': Die „Grundzüge einer feministischen Theologie" **2**, wie sie Catharina Halkes, die erste Frau mit einem Lehrauftrag für ‚Feminismus und Christentum' an einer katholischen Universität in Europa, in Nijmwegen in den Niederlanden, für einen breiten Leserkreis in ‚Fingerübungen' und mehr Fragen als Antworten aufgezeichnet hat, mit der Forderung, „Feministische Theologie muß feministisch bleiben und gleichzeitig immer mehr Theologie werden". – Das andere ist Elisabeth Gössmanns kritisch-resümierender Überblick über das, was in den siebziger Jahren vornehmlich in den USA zu dieser „aus Erfahrung hervorgegangenen und zum Handeln inspirierenden Art von Theologie" gedacht und geschrieben wurde **3**.

Daneben liegt eine Veröffentlichung vom Frühjahr 1987 **4**: Ein reifes Werk der 1915 geborenen Schweizer evangelischen

Theologin Marga Bührig, die auch durch ihre Mitarbeit beim Ökumenischen Rat der Kirchen bekannt ist. Die fünf Kapitel ihres Buches sind hervorgegangen aus Vorlesungen, die sie auf Einladung der katholischen theologischen Fakultät der Universität Luzern im Sommer 1986 gehalten hat. Bei ihr ist gut abzulesen, was eine Reihe der nicht mehr ganz jungen Theologinnen bezeugen, nämlich, daß sie sich alle nicht leicht taten, in sich selbst ein feministisches Bewußtsein zu entwikkeln: „So tief ging die Beeinflussung durch die Tradition, die eben von Männern gesteuert war, daß viele von uns durch viele Jahre von einer Benachteiligung überhaupt nichts gemerkt haben." Besonders interessant, daß sie kritisch reflektierend Positionen bekannter feministischer Theologinnen darstellt sowie einen Streifzug macht durch die Theologiegeschichte von Augustinus bis Karl Barth und Paul Tillich. Menschen, für die die Begriffe Feminismus, feministisch an sich und/oder im Zusammenhang mit Theologie etwas Aufreizendes oder Zwiespältiges haben, sei die Lektüre besonders empfohlen, weil die über 70jährige teilhaben läßt an ihrem eigenen Weg, auf dem sie auch nur sehr langsam und erst spät zu einem Bewußtsein von dem stets nur „Mitgemeint-Sein" von Frauen gekommen ist. Näheren Einblick in diesen Weg gibt Marga Bührig auf offene und selbstkritische Weise in ihrer eben herausgekommenen „feministischen Autobiographie" **5**. Ihr Weg ist gekennzeichnet von drei ‚Bekehrungen': zum christlichen Glauben, zur Realität der ‚Welt', zum Feminismus im ökumenischen Kontext.

In diesem Zusammenhang sei auch auf den Beitrag „Feministische Theologie – eine Herausforderung an Kirche und Theologie?" von Herlinde Pissarek-Hudelist in **6** hingewiesen. Die Schülerin von Hugo und Karl Rahner, verheiratet und Mutter von vier Kindern, heute Vorstand des Instituts für Katechetik und Religionspädagogik an der Universität Innsbruck, sagt: „Ich war schon dreißig Jahre lang Theologin, bevor ich die feministische Theologie kennengelernt habe ... Im Gegensatz zu vielen Schwestern habe ich Theologie nie als Herrschaftsinstrument erlebt, habe also ... ein sehr positives Verhältnis zu meiner Theologie. Die feministische Theologie hat mir aber seit 1980 eine ganze Reihe von Denk-, Veränderungs- und Lernprozessen beschert, die keineswegs immer leicht, manchmal sogar sehr schmerzhaft, aufs Ganze aber doch befreiend waren ... Ich bin dabei, die Maß Mehl meiner herkömmlichen Theologie mit dem Sauerteig der feministischen Theologie zu durchmengen." Ihren Ausführungen hat sie eine ausführliche, auch Zeitschriften-Beiträge einschließende „Literaturübersicht zur Rezeption und Entwicklung der feministischen Theologie im deutschen Sprachraum" angefügt. Ansonsten bietet der Band zwei Beiträge des Regensburger Ordinarius für Systematische Theologie Wolfgang Beinert „Theologie und kirchliches Frauenbild" sowie „Die Frauenfrage im Spiegel kirchlicher Verlautbarungen", dazu eine von Rudolf Zwank zusammengestellte Dokumentation „zur Frage der Stellung der Frau in Kirche und kirchlichen Gemeinschaften" – rund hundert Dokumente aus rund hundert Jahren von einigen Zeilen Leos XIII. in ‚Rerum Novarum' von 1891 über die vatikanische Erklärung zur Frage der Zulassung (eigentlich müßte es heißen Nicht-Zulassung) von Frauen zum Priesteramt von 1976, bis zu Johannes Pauls II. Hinweise zur Frau in ‚Redemptoris Mater' von 1987, weiter einige partikularkirchliche Verlautbarungen, darunter das „Frauenpapier" der deutschen Bischöfe von 1981, das auf die Wende und Öffnung von ‚Pacem in Terris' Johannes' XXIII. (1963) zurückgreift, und zuletzt Dokumente aus nicht römisch-katholischen Kirchen und ökumenischen Gremien. Eine hilfreiche Fundgrube also, bei der sich nur die Frage nicht unterdrükken läßt, warum es in der/den Kirche/n zwar eine Frage zur Stellung der Frau, aber keine zur Stellung des Mannes gibt! Was wiederum die Existenz – und Notwendigkeit – feministischer Theologie erklärt – und wohl auch die gelegentlich ätzend scharfen, sarkastischen Töne, die in ihr angeschlagen werden.

Wobei nach rund 17, 18 Jahren sofort hinzuzufügen ist, daß es – falls überhaupt je – längst nicht mehr nur eine einheitliche feministische Theologie gibt, sondern ein Vielfalt feministisch-theologischer Ansätze und Entwürfe – quer durch die Konfessionen bis hin zum Judentum. Eine – zahlenmäßig wohl kleine – Richtung erwartet vom Christentum nichts mehr für Frauen, läßt es deshalb hinter sich und hat sich auf die Suche nach einer nach-christlichen weiblichen Spiritualität gemacht; ihre bekannteste Vertreterin ist die ehemals katholische Theologin Mary Daly, USA. – Wer sich von der angesprochenen Vielfalt einen Begriff machen, die Prozeßhaftigkeit wahrnehmen will, greife am besten zum „Handbuch Feministische Theologie“ **7**, an dem nicht weniger als 34 Autorinnen mitgearbeitet haben, die meisten aus den Geburtsjahrgängen 1950–60. Die Herausgeberinnen möchten den Band – und sein Thema – verstanden wissen als einen zu entfaltenden und zu benutzenden Fächer. Noch effektiver wäre seine Nützlichkeit, wenn er ein Namens- und Stichwort-Register enthielte. Er vermittelt jedoch viele Anregungen, denkend und handelnd an dem/den „Netz/en“ mit- und weiterzuknüpfen!

Die Grundfrage feministischer Theologie scheint die zu sein, ob die jüdisch-christliche Tradition, wie sie im Alten und Neuen Testament vorliegt und in der/den Kirche/n ihre Wirkungsgeschichte erfahren hat, so hoffnungslos patriarchalisch ist, daß ihrer Selbst bewußt gewordene Frauen nichts anderes tun können als ausziehen – oder ob innerhalb dieser Tradition nicht doch volle Identifikationsmöglichkeiten für weibliches Menschsein aufgedeckt werden können. Da muß allerdings viel Schutt weggeräumt werden, sind Schürfungen, Grabungen und Tiefenbohrungen nötig, müssen Intuition und schöpferische Phantasie ins Spiel kommen.

Welches sind die näherhin bewegenden Fragen?

Da geht es zunächst vor allem um das Gottesbild und um das damit in Zusammenhang stehende Selbstbild der Frauen. „Vergessene Gottesbilder der Bibel" **8** hat Virginia Mollenkott aufgespürt – Gott als gebärende Frau und stillende Mutter, als Geliebte, als Haushälterin, als Henne, als Adlermutter, Christus als weiblicher Pelikan ... Das Buch *Ruth* ist ihr mit seinem „Sieg über Rassismus, Klassen und Sexismus" ein alttestamentliches Gegenstück zur neutestamentlichen Stelle Gal 3, 28. „Von der Verehrung Gottes zu der eines bestimmten Gottesbildes, also zum Götzendienst, führt nur ein kurzer Weg. Wir können uns davon befreien, indem wir das ganze Spektrum der biblischen Bilder für Gott gebrauchen."

Nur angedeutet kann werden, wie in Entwürfen feministischer Theologie **9**, **10**, **11**, **12** – die lesen muß, wer sich ein Bild machen möchte – in immer neuen Variationen und Modifikationen, mit unterschiedlichen Akzenten und Nuancen, Fragen und Problemstellungen zu Wort kommen wie:

Gab es vor dem Patriarchat ein Matriarchat, oder wenigstens Kulturen, die stärker matrilocal, matrilinear, matrifocal ausgerichtet waren? – Was können Ethnologie, Religionswissenschaft, Archäologie, Kunstgeschichte, Tiefenpsychologie, Mythen- und Märchenforschung zur Erhellung beitragen? – Ist es im christlichen Kontext legitim, wenn Frauen heute nach dem Symbol der „Göttin" – in sich, außer sich – suchen und dabei Anleihen bei den alten Mythen machen? – Gibt es ‚Weiblichkeit' auch im biblischen Gottesbild, in der christlichen Trinität? Was kann die Wiederentdeckung und Entfaltung der Begriffe Sophia, Schekinah, Ruach für weibliche Identität beisteuern? Welche Funktion hat Maria, welchen Stellenwert die Mariologie? – Was bedeutet es, daß Jesus zwar von Gott als ‚Vater' gesprochen hat, aber in der nichtpatriarchalen zärtlichen Koseform ‚Abba'? – Was ist zu entdecken an Jesu Umgang mit Frauen? War er ein ‚Jesus der Frauen', der ‚Gesalbte der Frauen', einer, der gar von Frauen lernte, unter ihrem Einfluß seine Vorstellung vom ‚Reich

Gottes' entwickelte, der Ablehnung und Zurücksetzung mit ihnen teilte und ihnen ein eigenes Vermächtnis und einen spezifischen Verkündigungsauftrag hinterließ? So Christa Mulack in einer Neuerscheinung **13**, die Ansätze ihrer seinerzeitigen Promotionsarbeit „Die Weiblichkeit Gottes – Matriarchale Voraussetzungen des Gottesbildes" aufnimmt und weiterführt – wohl etwas zu apodiktisch und polemisch, aber nicht ohne ‚Aha-Erlebnisse' auszulösen und Faszination zu bewirken – was kritische Fragen nicht ausschließt! – Welche Rolle spielten Frauen in der Urgemeinde, in den frühen heidenchristlichen Gemeinden? Wann geschah und was bewirkte die Zurückdrängung? – Was hilft der Rückgriff auf außerkanonische Schriften, besonders gnostische (Nag Hammadi-Texte)? – Haben wir bei den neutestamentlichen Texten mit einer patriarchalen Redaktion, einer patriarchalen Rezeption, einer patriarchalen Auslegung und mit patriarchalen Übersetzungen zu rechnen?, fragt Elisabeth Moltmann-Wendel **9**. Sie begnügt sich auch nie mit dem ‚Aber das ist doch so gemeint' der akademischen Auslegung, sondern pocht darauf, die Wirkungsgeschichte, das, was durch Texte, Dogmen, Liturgien, Glaubensbekenntnisse, Kirchengesetze, Katechesen, Kirchenlieder, faktisch für Frauen bewirkt wurde, einzubeziehen; auch Legenden und die Niederschläge in der Kunst sind ihr wichtiges Material, um die ‚Unterseite der Geschichte', die Subkultur aufzudecken.

Vorausgehende kritische Einwände gaben der Holländerin Catharina Halkes **10** Gelegenheit zu Klärungen, was sie will und meint und was nicht. Da sie von der Pastoraltheologie herkommt, widmet sie pastoralen Überlegungen einen besonderen Beitrag und plädiert dafür, „daß die kirchliche Lehrautorität als vornehmste Aufgabe das eingehende und intensive Lauschen nach dem betrachtet, was Frauen in ihrem neuen Selbstverständnis erfahren, reflektieren und formulieren". Scheint diese Veröffentlichung unter der Übersetzung aus dem Holländischen zu leiden, so gilt das nicht für die ausgesprochen gut zu lesenden „Schritte zu einer anderen Theologie" der amerikanischen katholischen Theologin Rosemary Radford Ruether **11**. Sie greift theologische Fragestellungen gründlich, präzise und systematisch auf, zum Beispiel nach einer nicht-sexistischen religiösen Sprache, oder nach den Kriterien, die erlauben, innerhalb der jüdisch-christlichen Tradition (inklusive des als häretisch Verdrängten) und der allgemeinen Religions- und Geistesgeschichte zu unterscheiden, und dann zu entscheiden, was ‚behalten', was verworfen wird. Oder, welche Zusammenhänge zwischen der Marginalisierung von Frauen und der Mißachtung der Materie, von ‚Mutter Erde', der Ausbeutung der Umwelt bestehen? Oder, welche Schritte nötig wären, damit Kirche „eine auf Befreiung angelegte Gemeinschaft" werden könnte? Nicht ganz befriedigen (mich) ihre Aussagen zu den ‚Letzten Dingen'. Gerade, weil wir aus und in und durch Beziehungen leben, könnte sie hier m. E. etwas hoffnungsvoller argumentieren.

‚Leben in Beziehungen' ist das Stichwort für Carter Heywards theologisches Denken **12**. Die der amerikanischen Episcopalkirche angehörende Theologieprofessorin beruft sich auf Martin Bubers „Am Anfang ist die Beziehung" und orientiert sich an Elie Wiesel und seinen Auschwitz-Erfahrungen (Holocaust als die radikal abgebrochene Beziehung), sie vergleicht die christologischen Positionen von Dietrich Bonhoeffer, Jürgen Moltmann, des lateinamerikanischen Befreiungstheologen Jon Sobrino und von Dorothee Sölle. Bei Carter Heyward, die sich auch um neue sprachliche Formulierungen bemüht, kann man sich in eine Spiritualität der Beziehung ‚einlesen', die keineswegs nur Frauen ansprechen dürfte.

Um Spiritualität, die von Engagement nicht zu trennen ist, geht es der deutschen, ökumenisch ge- und bewanderten Theologin und Pfarrerin Bärbel von Wartenberg-Potter **14**, wobei ihr „Gottes Gerechtigkeit", die sie konkret-irdisch-diesseitig und auch für Frauen zu verstehen gelernt hat,

„Herzstück der Bibel“ ist. Was ich bei Ruether in bezug auf den Tod vermißt habe, fand ich in ihrem „Brief an ein Kind“, dessen Vater gestorben war. Und es gibt bei ihr – selten im feministischen Umfeld – eine gar nicht sentimentale „Liebeserklärung an die Kirche“.

In Hildegunde Wöllers „Ein Traum von Christus“ **15** sehe ich einen geglückten Versuch, weibliche Art theologischen Denkens und Empfindens auf der Höhe theologischer Forschung unserer Zeit unter Einbeziehung von Einsichten der feministischen Theologie in einen runden Wurf zu bringen. Ohne aufklärerischen Gestus, der dem Mysterium nicht gerecht wird, erzählt die evangelische Theologin und Publizistin auf dem Hintergrund uralter, in den Seelen ruhender Menschheitsweisheit die Jesus-Geschichte als Christus-Mythos – aber so, daß das Einzigartige gerade nicht eingeebnet wird, sondern zu spiritueller Ermutigung und Auferbauung führt.

Daß eine Reihe feministischer und feministisch-theologischer Positionen kritischer Untersuchung und Klärung bedürfen, ist keine Frage. Ausgezeichnete Arbeit auf diesem Gebiet leistet die Wiener evangelische Theologin Susanne Heine. Ihr geht es darum, „wirkliche Ergebnisse von Produkten des Wunschdenkens zu unterscheiden“, und zwar zum Wohle der Sache der Frauen. So kam sie zu einer ‚Grundlagenkritik feministischer Theologie‘, die jetzt in zwei Bänden vorliegt. Der erste **16** befaßt sich mit den Frauen von der Jesusbewegung bis in die Zeit der Kirchenväter, wobei sie vor allem fragt, ob Paulus tatsächlich der Sündenbock ist, als der er den meisten Feministinnen gilt, und ob der Rückgriff auf die Gnosis sich letztlich wirklich frauenfreundlich auswirkt. Im zweiten Band **17** setzt sie sich mit der Wiederbelebung antiker Göttinnenmythen und der Behauptung eines Matriarchats als ‚verlorenem Paradies‘ auseinander, warnt vor diesem ‚Opium für Frauen‘, das diese der Wirklichkeit hier und jetzt entfremdet, plädiert für „Gott, den ganz Anderen“ und für Jesus Christus und nicht ‚Jesa Christa‘: „Eine Frau könnte an den Erniedrigten keine Stellvertretung üben, weil sie selbst immer schon da ist, wo diese stehen.“ Sie tritt ein für Augenmaß und Realitätssinn, für Exaktheit im Argumentieren: „Wer gegen die Herzlosigkeit der Köpfe antritt, darf es nicht mit kopflosem Herzen tun.“

Auf der gleichen Linie inner-feministisch-theologischer Auseinandersetzung liegt ein von der jungen katholischen Alttestamentlerin Marie-Theres Wacker herausgegebener Sammelband **18**, dessen sieben Beiträge sich mit der ‚Göttin-Bewegung‘, mit der „Geschichte des Weiblichen in der Trinität“, mit der einseitig-verabsolutierenden Perspektive von Christa Mulacks ‚Neubestimmung des Göttlichen‘, mit „Gott als Mutter in mittelalterlicher Spiritualität“, mit den ‚widerstrebenden Tendenzen‘ im Hosea-Buch, mit den zukunftsträchtigen Wechselwirkungen zwischen politischer Theologie und feministischer Theologie befassen sowie einen Blick werfen auf „Feminismus und feministische Theologie in der DDR“.

Demnächst zu erwarten ist ein Sammelband, der auf eine Arnoldshainer ‚Werkstatt‘ „Feministische Theologie und jüdisch-christliches Gespräch“ zurückgeht und sich mit gewissen anti-judaistischen Tendenzen in einigen feministisch-spirituellen Veröffentlichungen auseinandersetzen und auch einen Beitrag der jüdisch-feministischen Theologin Susanna Heschel, USA, bringen wird – wichtige Fragen, damit feministische Theologie dem Anspruch gerecht wird, eine ‚Theologie nach Auschwitz‘ zu sein (vgl. Literaturbericht 4).

Ebenfalls warten muß man leider noch auf die seit Jahren angekündigte deutsche Übersetzung eines Werks, das durch die ganze einschlägige Literatur ‚geistert‘: „In Memory of Her“ der deutsch-amerikanischen Theologin Elisabeth Schüssler Fiorenza (siehe Literaturbericht 2a).

Die Frage um das Priesteramt für Frauen in der katholischen Kirche ist zwar keine zentrale Frage der feministischen Theologie, taucht aber doch da und dort auf. Gertrud Heinzelmann, Schweizer Juristin des Jahrgangs 1914, hat 1962 eine entsprechende Eingabe an die vorbereitende Kommission des II. Vatikanischen Konzils gerichtet, die weltweites Aufsehen erregte. 25 Jahre später legt sie nun eine Art „Wirkungsgeschichte" ihres damaligen – vergeblichen – Vorstoßes vor **19**, der, wie kaum anders zu erwarten, viel Schärfe und Polemik enthält. Die herkömmliche Argumentation, die die Nicht-Zulassung von Frauen zum Amt festschreiben will, ist nachzulesen in der umfangreichen Dissertation von Manfred Hauke **20**.

Eine andere Randfrage, die durch die Frauenbewegung aus der Verschwiegenheit geholt wird, ist die von frauenliebenden Frauen. Daß es sie auch in den Kirchen gibt, beweist eine Veröffentlichung **21**, die neben Erfahrungsberichten auch historische Nachforschungen enthält und nahelegt: Überheblichkeit der ‚anderen' und Ausgrenzung ist nicht am Platze.

Daß insgesamt die Fragestellung der feministischen Theologie nicht mehr als – möglichst vorübergehende – Randerscheinungen abgetan werden können, beweist das jüngst erschienene Buch **22** des in der Deutschen Bischofskonferenz für Frauenfragen zuständigen Weihbischofs Ernst Gutting. Es ist die reife Frucht von dreißig Jahren partnerschaftlicher pastoraler Zusammenarbeit mit Frauen und einer lebenslangen intensiven Auseinandersetzung mit den in Kirche und Gesellschaft anstehenden Problemen. Seine Erkenntnis: Der Patriarchalismus ist eine Folge des Sündenfalls, den es aufzudecken und zu überwinden gilt.

(Sommer 1987)

*

1 *Elisabeth Moltmann-Wendel* (Hrsg.): Frauenbefreiung – Biblische und theologische Argumente, 4. veränd. Aufl., Chr. Kaiser Verlag, München 1986, 240 S.

2 *Catharina J. M. Halkes:* Gott hat nicht nur starke Söhne – Grundzüge einer feministischen Theologie, Siebenstern-TB 371, 4. Aufl. Gütersloh 1985, 128 S.

3 *Elisabeth Gössmann:* Die streitbaren Schwestern – Was will die Feministische Theologie?, Herder-TB 879, Freiburg 1981, 142 S.

4 *Marga Bührig:* Die unsichtbare Frau und der Gott der Väter – Eine Einführung in die feministische Theologie, Kreuz Verlag, Stuttgart 1987, 135 S.

5 *Marga Bührig:* Spät habe ich gelernt, gerne Frau zu sein – Eine feministische Autobiographie, Kreuz Verlag, Stuttgart 1987, 270 S., mehrere Fotos.

6 *Wolfgang Beinert* (Hrsg.): Frauenbefreiung und Kirche – Darstellung, Analyse, Dokumentation, Verlag Friedrich Pustet, Regensburg 1987, 300 S.

7 *Christine Schaumberger / Monika Maaßen* (Hrsg.): Handbuch Feministische Theologie, Morgana Frauenbuchverlag, Münster 1986, 415 S.

8 *Virginia R. Mollenkott:* Gott eine Frau – Vergessene Gottesbilder der Bibel, aus dem Englischen von Christa-Maria Knirck, Verlag C. H. Beck, München 1985, 138 S.

9 *Elisabeth Moltmann-Wendel:* Das Land, wo Milch und Honig fließt – Perspektiven einer feministischen Theologie, Siebenstern-TB 486, Gütersloh 1985, 205 S.

10 *Catharina J. M. Halkes:* Suchen, was verloren ging – Beiträge zur feministischen Theologie, aus dem Niederländischen von Franz J. Lukassen, Siebenstern-TB 487, Gütersloh 1985, 174 S.

11 *Rosemary Radford Ruether:* Sexismus und die Rede von Gott – Schritte zu einer anderen Theologie, aus dem Englischen, Siebenstern-TB 488, Gütersloh 1986, 333 S.

12 *Carter Heyward:* Und sie rührte sein Kleid an – Eine feministische Theologie der Beziehung, aus dem Amerikanischen von Hildegard Schneck, Kreuz Verlag, Stuttgart 1986, 219 S.

13 *Christa Mulack:* Jesus – der Gesalbte der Frauen – Weiblichkeit als Grundlage christlicher Ethik, Kreuz Verlag, Stuttgart 1987, 298 S.

14 *Bärbel von Wartenberg-Potter:* Wir werden unsere Harfen nicht an die Weiden hängen – Engagement und Spiritualität, Kreuz Verlag, Stuttgart 1986, 158 S.

15 *Hildegunde Wöller:* Ein Traum von Christus – In der Seele geboren, im Geist erkannt, Kreuz Verlag, Stuttgart 1987, 270 S.

16 *Susanne Heine:* Frauen der frühen Christenheit – Zur historischen Kritik einer feministischen Theologie, Vandenhoeck & Rupprecht, Göttingen 1986, 194 S.

17 *Susanne Heine:* Wiederbelebung der Göttinnen? – Zur systematischen Kritik einer feministischen Theologie, Vandenhoeck & Rupprecht, Göttingen 1987, 201 S.

18 *Marie-Therese Wacker* (Hrsg.): Der Gott der Männer und die Frauen (Reihe ‚Theologie zur Zeit', Bd. 2), Patmos Verlag, Düsseldorf 1987, 172 S.

19 *Gertrud Heinzelmann:* Die geheiligte Diskriminierung – Beiträge zum kirchlichen Feminismus, Interfeminas-Verlag, Bonstetten/Schweiz 1986, 240 S.

20 *Manfred Hauke:* Die Polemik um das Frauenpriestertum vor dem Hintergrund der Schöpfungs- und Erlösungsordnung, Verlag Bonifatius-Druckerei, 2. Aufl., Paderborn 1986, 499 S.

21 *Monika Barz / Herta Leistner / Ute Wild:* Hättest du gedacht, daß wir so viele sind? – Lesbische Frauen in der Kirche, Kreuz Verlag, Stuttgart 1987, 236 S.

22 *Ernst Gutting:* Offensive gegen den Patriarchalismus – Für eine menschliche Welt, Verlag Herder, Freiburg 1987, 174 S.

Literaturbericht 2a

Ein Meilenstein auf dem Weg feministischer Theologie

Zu zwei Büchern von Elisabeth Schüssler Fiorenza

Landläufig gilt das Lukasevangelium als ein frauenfreundliches Evangelium. Erst bei der Lektüre von „Zu ihrem Gedächtnis ..." ging mir auf, welch positive Aspekte die Evangelien von Markus und Johannes enthalten, um die weithin verlorene, vergessene Frauengeschichte der Jesusbewegung, der urchristlichen Missionsbewegung und der Frühgeschichte der Kirche zu entdecken und zu rekonstruieren.

Der Titel eines der hier vorzustellenden Bücher ist jener Salbungsgeschichte entnommen, die Markus an den Beginn seiner Passionserzählung stellt (Mk 14, 3–9). Die Verwirklichung von Jesu Ankündigung steht allerdings noch aus, daß nämlich überall, wo die Frohe Botschaft von der Nähe des Gottesreiches verkündet wird, man auch „an sie erinnern und erzählen (wird), was sie getan hat". Was hat sie getan? Sie hat wohl deutlicher als die männlichen Jünger, die „der Frau heftige Vorwürfe" machten, die Nähe des Todes Jesu geahnt und intuitiv erfaßt, daß sein Messias-Sein in Leiden und Sterben würde offenbar werden. Durch die prophetische Zeichenhandlung der Königen zustehenden Salbung des Hauptes mit überaus kostbarem Öl, die von Jesus angenommen wird, sagt sie das aus. Trotzdem ist diese Frau ohne Namen geblieben oder wurde später mit der Sünderin in eins gesehen, die in Lk 7, 36–50 Jesu Füße salbt. (Wie gern wurden Frauen mit Sünden auf dem erotisch-sexuellen Gebiet in Zusammenhang gebracht!) Nur im Johannesevangelium wird sie als ‚Maria von Bethanien' identifiziert, die die Füße Jesu salbt, also Jesu Zeichenhandlung der Fußwaschung vorwegnimmt – als Zeichen des aneinander und untereinander zu vollziehenden Liebesdienstes. „Durch die Liebe, die sie füreinander haben, konstituiert sich diese Gemeinde als Nachfolgegemeinschaft von Gleichgestellten" schreibt Schüssler Fiorenza von der johanneischen Gemeinde. Sie weist auch darauf hin: „Der johanneische Jesus feiert sein letztes Mahl nicht nur mit den Zwölfen, sondern mit allen JüngerInnen." (An diese ‚inklusive' Schreibweise in der deutschen Übersetzung mußte ich mich erst gewöhnen; ich halte sie nicht für eine glückliche Lösung; sie zeigt aber an, wie schwer es ist, die andro-zentrisch geprägte Sprech- und Schreibweise zu transzendieren auf eine Frauen und Männer einschließende hin.)

Elisabeth Schüssler Fiorenza stammt aus Deutschland – 1964 erschien hier ihr erstes Buch „Der vergessene Partner" – lebt und lehrt jedoch seit rund zwanzig Jahren in den USA. Sie gehört dort zu den führenden Vertreterinnen der feministischen Theologie. „Was wir sehen, hängt davon ab, wo wir stehen." Diese Einsicht von Robert McAfee durchzieht wie ein roter Faden ihr Werk, und ebenso der Rückbezug auf Elisabeth Cady-Stanton, eine amerikanische Frauenrechtlerin, die bereits 1895/98 ‚The Woman's Bible' (2 Bände) herausgegeben hat und der damals heftig angefeindeten Auffassung war, „daß die Bibel als ein Werk von Menschen (gemeint sind männliche Menschen) studiert werden muß und daß die Interpretation dieser Bibel stark vom Denken und von den Interessen der/s InterpretIn geprägt ist".

Nachdem Elisabeth Schüssler Fiorenza bereits durch eine Reihe gewichtiger Aufsätze, meist publiziert in der Internationalen Zeitschrift für Theologie Concilium, deren Direktionskomitee sie auch angehört, sowie in Sammelbänden und auch durch Zitation in vielen feministisch-theologischen Veröffentlichungen bekannt war, liegen seit Ende 1988 nun endlich auch zwei umfangreichere, einander ergänzende Werke von ihr in deutscher Übersetzung vor. Die Untertitel „Eine feministisch-theologische Rekonstruktion der christlichen Ursprünge“ beziehungsweise „Die Herausforderung einer feministischen Interpretation der Bibel“ zeigen an, worum es der Autorin geht. Schüssler Fiorenza versteht ihre feministische Theologie als feministische Befreiungstheologie. Ihr Schlüsselbegriff ist die ‚Nachfolgegemeinschaft von Gleichgestellten‘, die sich in der Anfangszeit des Christentums in „Hauskirchen“ konstituierte und durch wechselnde Wahrnehmung von Aufgaben herrschaftsfreie Leitung praktizierte, an der Frauen gleichberechtigt beteiligt waren. Auf diese Weise gab es „die Erfahrung der Anwesenheit Gottes unter den Gemeindemitgliedern und durch sie“.

Einen wichtigen, vielleicht den wichtigsten Faktor, warum es so nicht blieb, sieht Schüssler Fiorenza darin, daß das von Aristoteles herstammende Ethos des patriarchalen antiken Haushalts ins junge Christentum Eingang fand, was an den sogenannten „Haustafeln“ der deuteropaulinischen und Pastoralbriefe abzulesen ist. Wie sie sich hier mit den Bewertungsmaßstäben und Deutungsversuchen anderer Exeget/inn/en auseinandersetzt (besonders in „Brot statt Steine“), führt in die Mitte ihrer eigenen theologischen Position: „Eine feministisch-theologische Interpretation der Bibel, deren Kanon die Befreiung der Frauen von unterdrükkenden patriarchalen Strukturen, Institutionen und verinnerlichten Werten ist, besteht daher darauf, daß nur die nichtsexistischen und nichtpatriarchalen Traditionen der Bibel sowie die Unterdrückung nicht fortschreibenden Bibelauslegungen theologische Offenbarungsautorität beanspruchen können, soll die Bibel nicht länger ein Instrument zur Unterdrückung von Frauen sein.“ Die Bibel, in der eben sowohl frauenbefreiende wie frauenzurücksetzende Texte zu finden sind, ist für Schüssler Fiorenza kein „zeitloser Archetypus“, sondern „ein Prototypus, der für historisch-feministische Umgestaltung und Umwandlung offen ist“.

Diese kurze Vorstellung kann nicht mehr als auf zwei wichtige wissenschaftliche Werke hinweisen. An den Fragen interessierte Nichttheolog/inn/en sollten sich durch das reichlich verwendete Instrumentarium wissenschaftstheoretischer Begrifflichkeit (Paradigmenwechsel, Parameter, heuristische Modelle, hermeneutische Schlüssel etc.) nicht von der Lektüre abhalten lassen. Schüssler Fiorenza besteht darauf, daß Frauen sich der intellektuellen Anstrengung nicht entziehen.

(Frühjahr 1989)

*

Elisabeth Schüssler Fiorenza: Zu ihrem Gedächtnis ... Eine feministisch-theologische Rekonstruktion der christlichen Ursprünge, aus dem amerikanischen Englisch übersetzt von Christine Schaumberger, Verlage Chr. Kaiser / Matthias-Grünewald-Verlag, München/Mainz 1988, 426 S.

Elisabeth Schüssler Fiorenza: Brot statt Steine – Die Herausforderung einer feministischen Interpretation der Bibel, aus dem Englischen übersetzt von Karel Hermans, Edition Exodus, Freiburg/Schweiz 1988, 237 S.

Literaturbericht 3

Selbstbilder – Gottesbilder

Seit vor fünfzehn Jahren das erste Buch mit Beiträgen zur feministischen Theologie in Deutschland erschien, wächst die Flut von einschlägigen Veröffentlichungen von Jahr zu Jahr. Gott sei Dank! Feministische Theologie war und ist eben doch nicht die Eintagsfliege, die manche gern in ihr gesehen hätten! Auch wenn sie noch nicht überall und von allen wahrgenommen, für wahr und wirklich genommen wird, kann man/MANN doch nicht mehr so einfach zur Tagesordnung, auch der theologischen, der kirchlichen Tagesordnung zurückkehren!

Was gibt der feministischen Theologie ihre Kraft? Ich glaube, es ist die Verbundenheit mit dem Leben, dem realen, konkreten Leben. Dieser Umstand erschwert auch das Katalogisieren, das Festlegen, was zum Rand, zum Vorfeld, zum Umfeld, zur Mitte gehört. Die herkömmlichen Maßstäbe sind da ein wenig ver-rückt: Marginales wird wichtig, rückt ins Zentrum, traditionell für wichtig Gehaltenes rückt an den Rand, verdämmert am Horizont. Der Blick ist einfach ein anderer: die scheinbar geraden Linien erweisen sich als in Wirklichkeit krumme, auf denen GOTT wunderbarerweise doch wieder gerade schreibt – oder schreiben läßt. Es hat zu tun mit zwei Aussagen von Dorothee Sölle: „Eigentlich ist die Theologie näher an der Kunst als an der Wissenschaft" und „Das Christentum setzt voraus, daß alle Menschen Dichter sind, nämlich beten können" (siehe **5**, besonders auch das Nachwort).

So wird es in diesem (und im folgenden) Literaturbericht nicht ganz ‚ordentlich' zugehen – weil sich das vorliegende Material einer exakten Klassifizierung widersetzt. Zum Beispiel: Fließend sind die Übergänge von dem, was Umfeld oder Vorfeld ist, zu dem, was im strengen Sinn feministische Theologie heißt. Etwa jene Veröffentlichungen, in denen Frauen eigene Erfahrungen, eigene Bewußtwerdung beschreiben. Solche Selbstaussagen können legitime Orte und integrale Weisen feministischen Theologisierens sein. Und nebenbei sind sie ein Stück Antwort auf die Frage, warum unsere Kirchen von Sonntag zu Sonntag leerer werden. Vielleicht weil: „In der Kirche wird dir das Wort ausgelegt / Draußen bist du sein Fleisch geworden / und mußt dich selber auslegen / stückweis von Tag zu Tag." – Verse von Christine Busta, zitiert von Mieke Scharffenorth-Korenhof im Sammelband „Macht und Ohnmacht der Frauen in der Kirche" **1**. „Macht heißt ja auch: ermöglichen" lese ich im Beitrag von Dorothee Petters, einer 1941 geborenen Gemeindehelferin, Leiterin einer Familienbildungsstätte, Pastorenfrau. Und bei Bärbel von Wartenberg-Potter im gleichen Band: „Streben wir denn eigentlich nach der vorfindlichen Macht, wie wir sie an vielen Macht-Trägern in Kirche und Gesellschaft beobachten, oder müssen wir nicht alle kritisch nach einem anderen Gebrauch von Macht suchen? Was haben die vielen Erfahrungen von Ohnmacht in unserem Leben als Frauen ausgerichtet? Welche Rolle spielt dieser große Schatz von Ohnmachtserfahrungen, Verantwortung, Macht zu übernehmen?"

Eine Reihe weiterer bekannter evangelischer Frauen wie Luise Schottroff und Dorothee Sölle, Eleonore von Rotenhan, Ele Schöfthaler u.a. – dazwischen als einzige Katholikin Anneliese Lissner (sie macht ihre Ohnmachtsgefühle an Humanae Vitae fest) – spinnen aus Erinnerungen und Erfahrungen Denk- und Gedenkfäden zu Macht und Ohnmacht von Frauen. Bei Christa Springe ist als eine Art Fazit zu lesen:

„Wir streben keine Umverteilung einer Macht an, die Menschen in Oben und Unten, Privilegierte und Benachteiligte, Erstrangige und Zweitrangige einteilt. Unser eigentliches Ziel ist nicht der Proporz 50:50 von Männern und Frauen in einem System von Rivalität und Konkurrenz. Wir wollen andere, Jesus gemäße Ziele, Inhalte und Umgangsweisen, die sich von den Gesetzen und Strukturen der Welt unterscheiden."

Ein katholisches Gegenstück ist der Band „Mädchen für alles – Emanze vom Dienst" **2**. Achtzehn Frauen aus Österreich, der Bundesrepublik Deutschland, der Schweiz, vom Jahrgang 1904 bis 1958 teilen ihre in der Kirche, in kirchlicher Arbeit, auch kirchlicher Anstellung gemachten erfreulichen und auch kränkenden Erfahrungen mit. So die Furche-Redakteurin Leonore Rambosek, Margarete Schmid, die Initiatorin des Wiener theologischen Fernstudiums für Laien, die ZdF-Kirchenfunk-Redakteurin Michaela Pilters, die Historikerin Erika Weinzierl, die Theologin Magdalena Bußmann, die Lyrikerin Christa Peikert-Flaspöhler, Gertrud Casel, seit kurzem Generalsekretärin der kfd. Die Erfahrungen einiger öffentlich, oder bei uns, nicht so bekannter Frauen sind jedoch nicht weniger interessant. Titel wie „Diese spröde Heimat Kirche", „Überwintern – und hoffen", „Abschied von der Maienkönigin" sprechen für sich.

Nach wie vor eine Fundgrube für Frauenerfahrungen ist der Band „Nennt uns nicht Brüder" **3**. Vierundfünfzig überwiegend bekannte Frauen aus dem deutschen Sprachraum, ziemlich paritätisch auf die beiden großen Konfessionen verteilt, kommen zu Wort, auch ‚Außenseiterinnen' wie Petra Kelly, Luise Rinser, Luc Jochimsen ... Die Aussagen beschränken sich nicht auf Klagen, sondern enthalten auch Ansätze für Änderungen, Überwindung von Sprachlosigkeit, Möglichkeiten von Neubeginn. Solche Bücher bleiben eine Art Nachschlagewerk über Persönlichkeiten. Zum Beispiel: Die biographischen Anmerkungen zu Elisabeth Schüssler

Fiorenza in ihren beiden Büchern „Zu ihrem Gedächtnis" und „Brot statt Steine", die Meilensteine feministischen Theologisierens darstellen (vgl. Literaturbericht 2a), sind spärlich. Wer an der Autorin interessiert ist, mehr über ihren Weg erfahren möchte, sollte ihren Beitrag in diesem Band nachlesen. Das gilt analog für andere Frauen, die mit eigenen Veröffentlichungen auf dem Buchmarkt vertreten sind.

Eine davon ist Dorothee Sölle. Sie, die bekannt – und umstritten – war, längst bevor es das gab, was heute feministische Theologie heißt, bekennt sich inzwischen uneingeschränkt dazu. Ihre Erfahrungen in USA – von 1975 bis 1987 war sie Professorin am Union Theological Seminary in New York – haben zu ihrer feministischen Bewußtwerdung beigetragen; auch ihre Begegnungen mit den Feministinnen verschiedener Richtungen dort. In dem Kapitel „Amerikanische Erfahrungen" im Taschenbuch mit dem Untertitel „Stationen feministischer Theologie" **4** ist das nachzulesen: „Es geht nicht um gleiche Rechte, sondern um anderes Leben, es geht darum, neue Formen des Zusammenlebens zu erkämpfen und auszuprobieren." Bei Sölle wird deutlich, daß feministische Theologie nicht beim Wissenschaftsbetrieb der Universitäten anfängt, sondern beim Leben, beim leib-haftigen Leben von Frauen, bei ‚alternativen Lebensformen' von Männern und Frauen, bei neuen Weisen von Kommunikation, bei neuen religiösen Ritualen. Und nicht zuletzt bei der ‚Aneignung der eigenen Geschichte', einem wichtigen feministisch-theologischen Schlüsselwort.

Wer noch mehr von Dorothee Sölle lesen, erfahren möchte, sei auf einen Band **5** verwiesen, in dem siebzehn ihrer öffentlich geführten Gespräche der letzten zwanzig Jahre versammelt sind, darunter einige zur Frauenthematik. Im Nachwort schreibt sie: „Ich denke, meine Schwierigkeiten mit den großen Institutionen Kirche und Universität hängen vor allem mit meinem Frausein zusammen. Und für Frauen ist der Wissenschaftsbetrieb, speziell in der Theologie, integritätsbedrohend und identitätszerstörend. Rückblickend sehe ich darum in meiner Erfahrung des oft Ausgeschlossenseins eine Bestätigung des wunderbaren Satzes von Paul Claudel, daß Gott auch auf krummen Linien gerade schreibt." ... „Es gibt ein Wort von Hölderlin, das mich seit meiner Studienzeit begleitet hat: ‚seit ein Gespräch wir sind und hören können voneinander'. Daß wir das Gespräch nicht ‚führen', sondern ‚sind', war für mich eine Offenbarung, die mich heute noch genauso wie damals begeistert."

Zusammen mit Luise Schottroff und Bärbel von Wartenberg-Potter (beide in **1** bzw. Schottroff auch in **3** zu finden) hat Dorothee Sölle beim Evangelischen Kirchentag in Frankfurt 1987 ein Feierabendmahl gestaltet unter dem Thema „Kreuz der Frauen – Kreuz der Armen – Kreuz Christi". In dem jetzt gedruckten Text **6**, ergänzt durch Bibelarbeiten „Die Auferstehung der Frauen (Joh 20, 11–18)" sowie „Gottes Knecht und Gottes Magd – in El Salvador und bei uns (Jes 42, 1–9)" und „Den Kreuzen entrinnen: Pro Asyl", wird der – vernichtende – Vorwurf vieler Frauen bearbeitet, die „sagen, daß wir ein Todes-Symbol verehren und daß dieses Symbol mitverantwortlich ist für das maßlose Töten in unserer Welt".

Daß Frauen heute nicht nur auf Kirchen- oder Katholikentagen, sondern auch bei anderen Anlässen eigene Gottesdienste feiern, belegt eine Veröffentlichung von Rosemary Radford Ruether „Rituale in der Frauenkirche" **7**. Der in USA seit einigen Jahren gebräuchliche Begriff ‚Women Church', ‚Frauenkirche', klingt hierzulande noch ungewöhnlich. In der Einleitung und einem umfangreichen Teil I „Historische und theologische Reflexionen" zeigt die weitbekannte feministische Theologin auf dem Hintergrund des Säkularisierungsprozesses und der durch diesen entstandenen ‚Leerstellen" und ‚Sinnverluste' und der Wiedererstarkung von Religion (reaktionär-evangelikale Gruppierungen einerseits, linksorientierte Basisgemeinden anderseits), wie Frauen als ‚dritte Kraft‘ begonnen haben, „sich ihr eigenes Bedeutungsuniversum zu schaffen“. Für die Situation in den USA hält Ruether fest: „Da die etablierte Kirche es ablehnte, Frauen und feministische Theologie in den Gottesdienst zu integrieren, da diese Gruppen also aus der Frustrationserfahrung mit männlicher Kirchenleitung und männlicher Theologie hervorgegangen sind, operieren sie notgedrungen außerhalb der hierarchischen Kontrolle.“ Bedenkenswert ist, was sie über die Dialektik zwischen Kirche als geisterfüllter Gemeinschaft und Kirche als historischer Institution schreibt und welche Lösungsmöglichkeiten sie sieht – besonders für die Zukunft feministischer Basisgemeinschaften und ihrer Visionen. In kompetenter Weise buchstabiert sie die „Geschichte der Versprechungen und des Verrats an Frauen“ vom biblischen Exodus bis zu den Befreiungsbewegungen unserer Tage durch, um dann die ‚Frauenkirche‘ als feministische Exodusgemeinschaft vorzustellen und ihr Verhältnis zur traditionellen Kirche detailliert zu beschreiben.

Im umfangreicheren Teil II werden verschiedene liturgische Ausdrucksformen vorgestellt, die unterschiedlichen Situationen entsprechen. Sie wollen weniger Rezepte, mehr Anregungen sein, selbst kreativ zu werden. Die Vielfalt kann nur angedeutet werden: Heilungsrituale z. B. für mißhandelte oder vergewaltigte Frauen, für Inzestopfer, nach Fehl- oder Totgeburt, auch für so umstrittene Lebenssituationen wie nach Abtreibung, Scheidung, Bekenntnis zum Lesbisch-Sein. Oder: Zeremonien für ein neugeborenes Kind, für den Eintritt in die Pubertät, das Verlassen des Elternhauses, den Beginn des Lebensbündnisses, der Wechseljahre, den Übergang zum Alter, die Begleitung Sterbender, die Totenfeier ...

Auch in unseren Breiten gestalten Frauen Gottesdienste, im allgemeinen jedoch in traditionellen Formen – ganz im Sinne der von Ruether erwähnten ‚fließenden Übergänge‘! Ein gutes Beispiel, wie Frauen ihre sogenannten ‚Gemeinschaftsmessen‘ thematisch selbst erarbeiten und gestalten, ist die soeben erschienene Sammlung von „Frauengottesdiensten" **8**. Achtundzwanzig Modelle werden vorgestellt, bei denen die starke Verbundenheit mit dem und Bezogenheit auf das konkrete Leben im Vordergrund stehen.

Das Buch über ‚Frauenkirche' aus USA läßt fragen, wie es denn überhaupt zu solchen Gruppierungen, Zusammenschlüssen, Netzwerken von Frauen, die sich auf einen Bewußtwerdungsprozeß einlassen, kommen kann. In „Feministische Theologie praktisch" **9**, deren Obertitel auf das Exodus-Geschehen anspielt, beschreibt Christel Voß-Goldstein aus langjähriger Erfahrung als Bildungsreferentin mit Frauen und Frauengruppen solche Aufbruch-Situationen, auch die Wüstenwanderungen mit durchzustehenden Durststrecken, Sehnsüchten zurück nach den verlassenen Fleischtöpfen des Patriarchats, Fata Morganen herrlicher matriarchaler Oasen ... Wer nah an der Realität bleiben, aber sie nicht so lassen möchte, wie sie ist, greife zu diesem Buch. Auch, wem der Begriff ‚feministisch' – noch – anstößig oder fragwürdig ist!

Rosemary Radford Ruether – siehe oben – hat eine auf Frauenerfahrungen bezogene Sammlung religionsgeschichtlicher Texte **10** zusammengestellt mit dem Ziel, Gebrauchstexte bereitzustellen, die geeignet sind, das zu hinterfragen, was „unser kulturelles Bewußtsein geprägt" hat. In der Einleitung setzt sie sich kritisch mit der Matriarchatsforschung auseinander und lehnt auch „eine totale Entwurzelung" ab, denn: „Wir können unsere geschichtliche Existenz nicht leugnen." Die von ihr zusammengetragenen Texte „bewegen sich allesamt innerhalb der Grenzen unseres christlichen Abendlandes" – das allerdings mit dem Alten Orient beginnt und moderne Religionskritik einschließt. Sie möchte mit ihren interpretierenden Einführungen zu den einzelnen Texten dieser umfangreichen Sammlung Frauen helfen, alte Texte gegen den Strich zu bürsten, zwischen den Zeilen zu lesen, um das eigene feministische Bewußtsein „nach rückwärts zu erweitern", das festgelegte, erstarrte Gottesbild in Bewegung, in Fluß zu bringen. Die Texte sind in zwölf Kapiteln thematisch geordnet, die noch einmal in zwei bis zwölf Unterkategorien aufgeteilt sind. Einiges Bildmaterial, ein Literaturverzeichnis, Namen- und Sachregister sowie Quellennachweise erleichtern die Benutzung.

Auf dem Umschlag des eben vorgestellten Bandes ist jene seltene Dreifaltigkeitsdarstellung aus Urschalling am Chiemsee aus dem 14. Jahrhundert abgebildet, wo der Heilige Geist in weiblicher Gestalt erscheint. Im Hebräischen ist ruah/Geist weiblich. Ebenso chokma/Sophia/Weisheit und schekina / Herrlichkeit Gottes / Einwohnung Gottes – drei Begriffe, die oszillierend ineinander übergehen können oder je eine andere Seite des Göttlichen zum Ausdruck bringen. „Ruah, Sophia (= chokma) und die Schechina bilden eine innere Einheit, sie sind sozusagen die weibliche Trinität, die sich unterschwellig durch die Bibel zieht und darauf wartet, entdeckt zu werden." Dieser Entdeckung – und auch ihrem Verständnis von feministischer Theologie – will eine Sammlung von fünf Vorträgen von Christa Mulack **11** dienen. Beim Lesen bin ich hin- und hergerissen zwischen Faszination und einer gewissen Verärgerung. Faszination, weil die Autorin tatsächlich Entdeckungen macht, die so nur bei ihr zu finden sind; Verärgerung über die Art der Diktion (nicht durchgängig, aber teilweise), über Einseitigkeiten und Verzerrungen, über allzu geschwinde Schlußfolgerungen, über nicht mehr hinterfragbares ‚So ist es' ... Ich gestehe, daß ich mir über Stellenwert und Gewicht dieser Autorin innerhalb des feministisch-theologischen Spektrums nicht klar werden kann, möchte diesem Dilemma jedoch nicht durch Verschweigen ausweichen – dafür spricht Mulack zu Wichtiges an und – an manchen Stellen – auch aus.

Nicht immer war das Gottesbild so einseitig männlich wie in der Neuzeit. Und nicht immer waren Frauen so kirchlich angepaßt, so ‚domestiziert' wie von der nachreformatorischen Epoche bis an die Schwelle des Zweiten Vaticanums. Das entdeckt, wer sich mit der religiösen Frauenbewegung des Mittelalters zu befassen beginnt. Trotz schwieriger Quellenlage gibt es seit einigen Jahren eine wachsende Zahl von Veröffentlichungen hierzu. Eine relativ leicht lesbare Darstellung liegt mit dem Sammelband **12** vor. Im einführenden Essay gibt der Herausgeber Johannes Thiele zunächst eine historische Orientierung. Vor allem ist die Vielfalt dieser Bewegung wahrzunehmen. Thiele kennzeichnet sie als „eine heterogene Bewegung von klösterlich lebenden Nonnen, Beginen, Frauen aller Schichten, von vornehmen und standesbewußten bis hin zu frei vagabundierenden Frauen". Einen eigenen Abschnitt widmet er dem Häresieverdacht und der tatsächlichen Beteiligung von Frauen an den ketzerischen Bewegungen (Waldenser, Katharer). Unter den Porträts ist dann auch das der Marguerite Porete, einer Begine, die wegen einer mystischen Schrift 1310 in Paris als Häretikerin verurteilt und zusammen mit ihrer Schrift verbrannt wurde. (Zur Ergänzung sei der Aufsatz von Elisabeth Gössmann zu Marguerite Porete empfohlen, enthalten in „Gegenentwürfe – 24 Lebensläufe für eine andere Theologie", herausgegeben von Hermann Häring und Karl-Josef Kuschel, Piper-Verlag, München 1988. Hier liegt aus Frauenfeder ein wesentlich engagierteres Bild dieser Frau, ihres Schicksals, ihrer ‚Lehre' vor – sowie daraus für die Frauenfrage und Frauenforschung sich ergebende Konsequenzen.)

„Initialzündung der ersten Frauenbewegung auf europäischem Boden", schreibt Thiele, waren die Beginen, vom 11./12. Jahrhundert mit einem Höhepunkt im 14. Jahrhundert und versickernden Ausläufern bis in unsere Zeit, wo in den flandrischen Städten noch immer Beginenhöfe bewohnt sind. Um 1330 soll es allein in Köln weit über hundert Beginenhäuser gegeben haben! Aber auch die alten (Benediktinerinnen, Zisterzienserinnen) und neuen (Clarissen, Dominikanerinnen) Orden mußten sich dem Phänomen des (geistlichen) Aufbruchs von Frauen stellen. In rasch aufblühenden und sich vermehrenden Klöstern kommt es zur Blüte der Frauenmystik des Hoch- und Spätmittelalters. Dieser religiösen Lebensäußerung sich als moderner Mensch anzunähern, ist nicht leicht. Die neunzehn Porträts des Bandes, gezeichnet von verschiedenen Autorinnen und Autoren, beginnend mit Hildegard von Bingen und endend mit Teresa von Àvila, lassen ahnen, daß die mittelalterliche Frauenmystik das Gottesbild ungemein bereichert und verlebendigt hat.

Eines dieser Porträts ist Juliane von Norwich gewidmet. Diese im 14. Jahrhundert in England als Klausnerin lebende Frau ist in den letzten Jahren besonders ins Blickfeld geraten, weil sie in ihren Schauungen Gott, Christus ganz ausdrücklich als ‚Mutter' bezeichnet hat. Die englische Theologin Margaret Collier-Bendelow hat ihr eine eigene Monographie gewidmet **13**, deren erster Teil Leben, Offenbarungen und daraus abgeleitete Lehre der Juliana darstellt, während der zweite Teil sich konzentriert auf „Die Mütterlichkeit Gottes in Christus bei Juliana". Die hochinteressanten Ausführungen zum „Hintergrund von Julianas Lehre über die Mütterlichkeit Gottes" tun dar, daß Juliana in einer schon auf einige Kirchenväter zurückgehenden, von Anselm von Canterbury wieder aufgenommenen Tradition steht, in der weibliche und mütterliche Elemente des Gottesbildes einen Platz hatten. Einzigartig aber ist bei ihr, daß sie „die mütterliche Rolle Christi bis auf den Akt der Erschaffung des Menschen zurückführt" und sie „vervollständigt durch die Mutterschaft aus Barmherzigkeit, aus Gnade". In der Trinität ordnet Juliana der zweiten Person die weibliche Weisheit zu – Jesus ist ihr die menschgewordene Weisheit –, so daß sich interessante Parallelen zur Sophia-Christologie ergeben. – Die Autorin versteht es ausgezeichnet, eine Brücke des Verstehens zu bauen von der scholastisch geprägten Denk- und Ausdrucksweise Julianas zu unserem so anders gearteten modernen Verständnishorizont und so Julianas Aussagen für heute fruchtbar werden zu lassen.

Wie anders das Lebensgefühl und so auch die Gotteserfahrungen im 20. Jahrhundert sind, spürt der/die Leser/in, die nach Juliana von Norwich eine neueste Publikation **14** zur Hand nimmt, in der heutige Frauen ihr Gottesbild umschreiben – ein Ausdruck, der die Mühseligkeit, das Prozeßhafte, das Vorläufige eines solchen Unterfangens andeutet. Fünfzehn bekannte Frauen sind der Einladung von Herausgeberin Angelika Schmidt-Biesalski gefolgt – wenn ich recht sehe zwei Katholikinnen, eine jüdische Feministin, die übrigen aus dem Bereich oder den Rändern reformatorischen Christentums. Fotos und Steckbriefe verstärken den persönlichen Effekt. Der Hauptgewinn dieser Lektüre besteht m. E. darin, den eigenen Weg besser einschätzen, Konturen des eigenen Gottesbildes entwerfen zu können. Ich z. B. fühle mich Elisabeth Moltmann-Wendel „Gott aus dem patriarchalen Gefängnis befreien“ oder Catharina Halkes „Unser Gott ist ein Beziehungswesen“ recht nahe, bin sympathisch berührt von der Art, wie Ursa Krattiger-Tinga von ihrer Göttinnen-Erfahrung spricht, wohl wissend, „daß sie alle nur Namen sind, Bilder, nicht die Gottheit selber“, habe bei Christa Mulack wieder jenes eigenartig ambivalente Gefühl zwischen Anziehung und Abstoßung (siehe oben), stehe fremd und befremdet vor den Aussagen von Elga Sorge ... Froh bin ich, daß der Band auch eine jüdische Stimme enthält: Susannah Heschel aus USA berichtet über „Jüdischer Feminismus und der Gott der Thora“. Die Tatsache, daß jüdische Frauen ihre eigenen Traditionen mit feministischem Blick kritisch betrachten und aufarbeiten, hilft auch christlichen Feministinnen beim Umgang mit ihren Wurzeln. (Literaturbericht 4 wird auf einige Veröffentlichungen zu dieser Thematik eingehen.)

Zuletzt noch: Wie sehr Gottesbild/er und Menschenbild/er voneinander abhängen, aufeinander bezogen sind, läßt sich ablesen am ausgezeichneten Artikel „Gottesbilder“ im Frauenlexikon **15**: „... die theologische Grundaussage der Bibel ist: Gott west jenseits unserer Bilder. Er übersteigt alle Vorstellungen, die wir uns von ihm machen.“ ... „Anderseits brauchen wir Bilder als Hilfe, soll unsere Gott-Rede nicht sprachlos und unser Gebet nicht abstrakt werden.“ Dieses Frauenlexikon, das erste seiner Art, ist unentbehrlicher Begleiter für feministisch-theologische Lektüre und Studien: Es ermöglicht jederzeit einen Zugang zu jenem Netzwerk zwischen konkretem (Frauen-)Leben und Rede von Gott, das Ausgangssituation und Charakteristikum aller feministisch-theologischen Ansätze und Arbeit ist.

(Frühsommer 1989)

*

1 *Carola Wolf* (Hrsg.): Macht und Ohnmacht der Frauen in der Kirche – Fünfzehn persöhnliche Erfahrungen, Kreuz Verlag, Stuttgart 1983, 155 S.

2 *Leonore Rambosek* (Hrsg.): Mädchen für alles – Emanze vom Dienst. Unsere Erfahrungen mit der Kirche, Verlag Herder, Freiburg 1988, 160 S.

3 *Norbert Sommer* (Hrsg.): Nennt uns nicht Brüder! Frauen in der Kirche durchbrechen das Schweigen, Kreuz Verlag, Stuttgart 1985, 384 S.

4 *Dorothee Sölle:* Und ist noch nicht erschienen, was wir sein werden – Stationen feministischer Theologie, dtv-Sachbuch 10835, München 1987, 186 S.

5 *Theo Christiansen / Johannes Thiele* (Hrsg.): Dorothee Sölle im Gespräch, Kreuz Verlag, Stuttgart 1988, 240 S.

6 *Luise Schottroff / Bärbel von Wartenberg-Potter / Dorothee Sölle:* Das Kreuz: Baum des Lebens, Kreuz Verlag, Stuttgart 1987, 95 S.

7 *Rosemary Radford Ruether:* Unsere Wunden heilen, unsere Befreiung feiern – Rituale in der Frauenkirche, aus dem Amerikanischen von Olga Rinne, Kreuz Verlag, Stuttgart 1988, 319 S.

8 *Anneliese Reuschel:* All unsere Quellen entspringen in dir – Frauengottesdienste, Butzon & Bercker / Klens-Verlag, Kevelaer/Düsseldorf 1989, 164 S.

9 *Christel Voß-Goldstein:* Aus Ägypten rief ich meine Töchter – Feministische Theologie praktisch, Patmos Verlag, Düsseldorf 1988, 118 S.

10 *Rosemary Radford Ruether:* Frauenbilder – Gottesbilder. Feministische Erfahrungen in religionsgeschichtlichen Texten, aus dem Amerikanischen von Birgit Keune, GTB/Siebenstern-TB 490, Gütersloh 1988, 411 S.

11 *Christa Mulack:* Im Anfang war die Weisheit – Feministische Kritik des männlichen Gottesbildes, Kreuz Verlag, Stuttgart 1988, 119 S.

12 *Johannes Thiele* (Hrsg.): Mein Herz schmilzt wie Eis am Feuer – Die religiöse Frauenbewegung des Mittelalters in Porträts, Kreuz Verlag, Stuttgart 1988, 299 S.
13 *Margaret Collier-Bendelow:* Gott ist unsere Mutter – Die Offenbarung der Juliana von Norwich, aus dem Englischen von Maria-Sybille Bienentreu, Verlag Herder, Freiburg 1989, 143 S.
14 *Angelika Schmidt-Biesalski* (Hrsg.): Befreit zu Rede und Tanz – Frauen umschreiben ihr Gottesbild, Kreuz Verlag, Stuttgart 1989, 159 S.
15 *Anneliese Lissner / Rita Süssmuth / Karin Walter:* Frauen-Lexikon – Traditionen, Fakten, Perspektiven, Verlag Herder, Freiburg 1988, 1246 S.

Literaturbericht 4

Anfragen – Antwortversuche

Feministische Theologie erweist sich auch insofern als vital, als sie ständig Fragen aus sich herausgebiert und bearbeitet wie Anfragen von außen aufnimmt. Auf je neuem Fragestand sind da ‚Einführungen in feministische Theologie' willkommen. Die Schweizer katholische Theologin Doris Strahm, Jahrgang 1953, legt eine solche **1** vor, hervorgegangen aus Vorlesungen an der Evangelisch-Theologischen Fakultät in Bern. Ihr Standort läßt sich wohl in Sätzen wie diesem erkennen: „Als Teil einer umfassenden feministischen Kulturkritik ist feministische Theologie deshalb als Theologiekritik zu verstehen – als eine Theologie, die im Wortsinn radikal ist, da sie nach den Wurzeln jedes bisherigen Theologisierens fragt und dabei entdeckt, daß das Subjekt dieser Theologie nicht der Mensch, sondern der Mann gewesen ist." Feministische Theologie sei zu verstehen „als der Versuch von Frauen, zum erstenmal in der Geschichte ihre Situation als Frau, ihr Menschsein, theologisch zur Sprache zu bringen ... das Wissen und Bewußtsein zurückzugewinnen, daß auch wir Frauen Ebenbild Gottes sind".

Auf diesem Hintergrund charakterisiert sie die Hauptströmungen feministischer Theologie, ihre Unterschiede, aber auch ihre gegenseitige Verflochtenheit, gerade indem sie sich wechselseitig Fragen stellen. Grundlegendste Frage ist, ob sich christlicher Glaube und feministisches Selbstverständnis ausschließen oder in kreativer Spannung gelebt werden können. Mit Kompetenz, gleichzeitig bemüht um Verständlichkeit, referiert Doris Strahm die von Elisabeth Schüssler Fiorenza ausgearbeitete feministische Hermeneutik, die es ermöglicht, den verdrängten Anteil von Frauen an der Geschichte des Urchristentums zu rekonstruieren, und zwar so, daß „Frauen die Geschichte ihrer Vor-mütter und Vorschwestern als ihr geschichtliches Erbe entdecken und daraus Kraft für ihren heutigen Kampf gegen unterdrückerische Strukturen in Kirche und Gesellschaft gewinnen".

Ähnlich kompetent und engagiert geht die Autorin die Fragen ‚männliches Gottesbild', ‚Männlichkeit Christi', ‚ist das Böse weiblich?' an und zeigt die je entsprechenden Ansätze bekannter feministischer Theologinnen auf, auch radikaler wie Mary Daly oder stark umstrittener wie Elga Sorge oder bisher nicht ins Deutsche übersetzter wie Rita Nakashima Brock. Auch die Lehre der klassischen Theologie zu Frau und Mann von Augustin über Thomas, Hexenhammer, Luther, Calvin bis zu Karl Barth und Papst Paul VI. geht sie im Eilschritt durch.

Eine der brisantesten Fragen, die in den letzten Jahren aufbrachen, ist die nach ‚Antijudaismus' in der feministischen Theologie. Antijudaismus verstanden als jene versteckte, sublime Form von Judenfeindschaft, die in neunzehnhundert Jahren Christentumsgeschichte, christlicher Theologie steckt, untergründig das Denken und Fühlen von Christen prägte und noch prägt, nicht unbeteiligt war an den verschiedenen Judenpogromen der europäischen Geschichte, ohne die der rassische Antisemitismus des 19. und 20. Jahrhunderts, der zu Auschwitz führte, kaum so unwidersprochen sich hätte auswirken können. Und dieser religiös-theologische Antijudaismus hat sich auch in Teile der feministischen Theologie, wie sie sich vor allem in der Bundesrepublik Deutschland entwickelt hat, eingeschlichen. Teils übernommen aus der traditionellen Theologie und der Gesamtkultur, die sich der Aufarbeitung dieser Frage bisher nicht, jedenfalls nicht genügend gestellt haben, teils gewollt-ungewollt einem neuen

Mythos aufsitzend, „nämlich daß die alten Hebräer das Patriarchat erfunden hätten" – so die amerikanische jüdische feministische Theologin Judith Plaskow.

Diese Problemlage stellt die Herausgeberin Leonore Siegele-Wenschkewitz in dem wichtigen Band ‚Feministische Theologie in der Verantwortung für die Geschichte' **2** profund dar – als eine, die sich sowohl als feministische Theologin, und zwar im deutschen Kontext, versteht wie sich dem christlich-jüdischen Dialog verpflichtet weiß, wie er nach Auschwitz geführt werden muß. In ihrem Beitrag „Feministische Theologie ohne Antijudaismus" benennt sie anstehende Aufgaben präzise, so zum Beispiel die Untersuchung, wie konfessionelle Frauenverbände ihre Mitglieder befähigt haben (oder eben nicht), „der NS-Ideologie kritisch entgegenzutreten und ihr ein alternatives Konzept des Lebens von Frauen entgegenzuhalten . . . die Situation der verfolgten jüdischen Menschen in Deutschland überhaupt nur in den Blick zu nehmen, geschweige denn Solidarität mit ihnen aufzubringen". – Dem genannten Doppelbezug sind auch die übrigen Autor(inn)en verbunden, deren Beiträge in diesem Rahmen nur angezeigt werden können: Katharina von Kellenbach, 1960 geborene evangelische Theologin, die über Antijudaismus in nordamerikanischer und westdeutscher feministischer Theologie promoviert und diejenige war, die den Stein ins Rollen gebracht hat, schreibt über ihre Erfahrungen in USA und die dortige Diskussion um Antijudaismus in feministischer Theologie, die insofern eine andere ist als bei uns, als es eben dort eine Reihe namhafter jüdischer Feministinnen und jüdischer feministischer Theologinnen gibt und so die christlichen feministischen Theologinnen kritische Gesprächspartnerinnen haben.

Mit Susannah Heschel nahm eine amerikanische jüdische feministische Theologin an dem Arnoldshainer Symposion teil, auf das der Band im wesentlichen zurückgeht. Eindrucksvoll ist an ihrem Beitrag zu erkennen, welch zentrales, schwieriges, schmerzliches Problemfeld Feminismus für jüdische Frauen ist und welche Sensibilität christliche Frauen, zumal in Deutschland, entwickeln müssen, um hellhörig zu werden für die eigenen Defizite, die eingeschliffenen Vor-Urteile überhaupt wahrzunehmen. Das gilt entsprechend für den Beitrag der orthodox-jüdischen feministischen Theologin Eveline Goodman-Thau, 1935 in Wien geboren, den Krieg in einem Versteck in Holland überlebend, seit 1956 in Israel, Dozentin für jüdische Theologie, u.a. Vorsitzende des Komitees „Frauen und Religion“ des Israel Women's Network. Jutta Flatters macht kritische Anmerkungen zu Christa Mulacks Ansatz und fragt nach dem Preis von solcher Art Aufwertung des Weiblichen; die Alttestamentlerin Marie-Theres Wacker setzt sich mit der matriarchalen Bibelkritik und deren antijudaistischen Implikationen auseinander; die Neutestamentlerin Luise Schottroff zeigt anhand einer Auslegung der sogenannten ‚Großen Süderin‘ (Lk 7, 36–50), wie antijudaistische und sexistische Traditionen tief im Christentum verwurzelt sind und in welche Richtung die Überwindung gehen müßte ...

Die feministische Antijudaismus-Debatte hat vorwiegend jüngere westdeutsche feministische Theologinnen zu einem Gemeinschaftsprojekt veranlaßt: „Weil wir nicht vergessen wollen ... zu einer Feministischen Theologie im deutschen Kontext“ **3**. Die lesenswerten Beiträge sind geprägt von der Einsicht, „daß in die Kontextbestimmung deutscher christlicher feministischer Theologie die geschichtliche Dimension ‚nach Auschwitz‘ aufgenommen werden muß.“ Im einzelnen geht es um „Vergewaltigung und Zerstörung von Frauen-Identität“, dargestellt an der David-Tochter Tamar (Rita Burrichter), um ‚christlichen Feminismus nach Auschwitz‘ (Johanna Kohn-Roelin), um die vielberufene ‚Mütterlichkeits-Ideologie‘ in der NS-Zeit und ihr Wiederaufleben in unserer Zeit (Annette Kliewer), um den Aufweis, daß nicht nur im frühen Christentum, sondern auch im Judentum des ersten Jahrhunderts Frauen ‚Anführerinnen der Gläubigkeit' waren (Luise Schottroff), um ‚Feministische Theologie im Horizont jüdisch-christlichen Gesprächs' (Monika Renninger) sowie um ‚Rassismus als Problem weißer feministischer Theologie' (Christine Schaumberger).

In diesem Zusammenhang ist nachdrücklich auf ein jüngst aus dem Niederländischen übersetztes Bändchen 4 aufmerksam zu machen, das es verdient, nicht übersehen zu werden. In Holland, wo es vor dem Zweiten Weltkrieg ein blühendes jüdisches Leben gab, haben sich nach 1945 wieder, wenn auch sehr viel bescheidener – eben weil nur wenige überlebt hatten oder zurückkehrten –, kleine jüdische Gemeinden entwickelt, ein dichteres Netz als bei uns. So haben es christliche Feministinnen dort leichter, nicht nur literarische, sondern reale Begegnungen mit jüdischen Frauen zu haben, und zwar sowohl aus dem liberalen wie dem orthodoxen Judentum. Von solchen Begegnungen und dem, was dabei erfahren, ausgetauscht, gegenseitig gelernt wurde, gibt das Bändchen Auskunft. Der Titel geht auf jene berühmte früh-feministische Forderung der englischen Dichterin Virginia Woolf aus den zwanziger Jahren zurück – ‚a room for one's own', ein Zimmer für sich allein – Raum für sich, übertragen ‚Freiraum' – das ist es, was jede Frau braucht. Das ist es auch, was Frauen in Synagogen und Kirchen brauchen. Die Autorinnen des von der Generalsekretärin des Diskussionskreises Juden und Christen in den Niederlanden und Vorsitzenden des International Council of Jewish Women, Abt. Niederlande, herausgegebenen Bandes: Je eine liberale und eine orthodoxe jüdische Frau und vier Frauen aus verschiedenen christlichen Kirchen, für die alle gilt: „Feminismus und Frau-Sein bilden den gemeinsamen Ausgangspunkt und sind die tragende Kraft der Gruppe. Von da aus untersuchen die Frauen ihre verschiedenen Glaubenstraditionen." – Der schmale Band ist auch gut geeignet, auf pragmatische Weise Klischees, Voreingenommenheit, Fehlurteile über religiöses

Judentum abzubauen, das wesentlich flexibler ist, als Christen gemeinhin ahnen.

Das Desiderat, feministische Theologie nicht losgelöst vom geschichtlichen, auch zeitgeschichtlichen, auch theologiegeschichtlichen Kontext zu betreiben, löst ein Gemeinschaftsband **5** ein, der im Zusammenhang der Sommeruniversität Kassel 1987 mit dem Thema „Schuld und Macht in der Perspektive feministischer Befreiungstheologie" entstanden ist. Autorinnen sind die aus der Mark Brandenburg stammende evangelische Theologin Luise Schottroff (Jahrgang 1934) und die aus der Oberpfalz gebürtige (1951) katholische Theologin Christine Schaumberger – beide arbeiten derzeit an der Gesamthochschule Kassel. Die letztere ist in ihrem theologischen Denken stark geprägt von der Politischen Theologie ihres Lehrers Johann Baptist Metz, dessen Kategorien sie in ihre kritisch-feministische Befreiungstheologie einbaut. Ihr Part ist „Subversive Bekehrung" überschrieben und behandelt Schulderkenntnis, Schwesterlichkeit, Frauenmacht als ‚irritierende und inspirierende Grundmotive kritisch-feministischer Befreiungstheologie'. Auf dem Hintergrund ‚gefährlich-befreiender Erinnerung' liest Christine Schaumberger feministische und feministisch-theologische Ansätze zum Sünden- und Schuldproblem und plädiert dafür, daß Frauen nicht einem ‚heimlichen Unschuldswahn' aufsitzen: „Nicht von Schuld reden, bedeutet Ent-schuld-igung, aber noch nich Beendigung der Realität von Schuld." So wie „Keine Macht beanspruchen, bedeutet Beruhigung, nicht Ent-macht-ung der Machthaber". Bei dieser Autorin fällt eine zunehmende *theologische* Reflexion der vielseitigen und höchst unterschiedlichen Frauen-Realitäten auf, besonders auch der von Frauen geleisteten Arbeit, sowohl sogenannter Erwerbsarbeit wie nicht bezahlter Haus-, Erziehungs- und Beziehungsarbeit und noch manch anderer Formen von Arbeit: „Nichts ist zu banal (um theologisch reflektiert zu werden, R. A.), da gerade in der Banalität des Alltags sich die Sünde Patriarchat manifestiert." Sie blendet die Verstrickung von Frauen in die „strukturelle Sünde Patriarchat" nicht aus, sondern analysiert gerade jene „Mittäterschaft" von Frauen, ihr gleichzeitiges ‚Mitschuldig- und Mitunterdrückt-Sein'. Daraus resultierende ‚Ent-täuschung' sei „unverzichtbarer Schritt der Bekehrung", zum Beispiel der von weißen Mittelschichtsfrauen zur Solidarisierung mit farbigen Unterschichtsfrauen, anfangshaft wenigstens in der Wahrnehmung von deren Lebensrealität. „Veränderbar wird nur, was wir aufhören, als gegeben und selbstverständlich zu akzeptieren."

An Luise Schottroffs Part „Die befreite Eva – Schuld und Macht der Mächtigen und Ohnmächtigen nach dem Neuen Testament" beeindruckt die Qualität der theologischen Auseinandersetzung: Da werden Adams Schuld, Evas Schuld, Frauensünde auf dem Hintergrund geistes- und sozialgeschichtlicher Kontexte differenziert durchbuchstabiert. Sie setzt an mit einer grundlegenden Kritik am Sündenverständnis ihrer Lehrer Bultmann, Käsemann, Wilckens, das diese an Paulus gewonnen haben, sowie deren verstecktem theologischen Antijudaismus. Ihre Kritik aus sozialgeschichtlicher, feministischer und exegetischer Sicht betrifft aber nicht nur männliche Theologie, sondern auch jene „feministische Technik", die vorgegebene Wertungen einfach umkehrt, zum Beispiel im Kreuz nur ein „Symbol der Unterdrückung" sieht oder die Gnosis zur frauenbefreienden Religion erklärt. Ein Schlüsselwort ist ihr der neutestamentliche Begriff ὑπομονή (hypomone), gewöhnlich mit Geduld, Ausdauer übersetzt, den sie jedoch kennzeichnet als ‚Widerstandskraft', als „Macht der Auferstehung inmitten der Todesstrukturen, in denen ich in Mittäterschaft verstrickt bin". – An den wenigen Stellen, wo Schottroff direkte Anwendungen auf die bundesdeutsche Gegenwart macht, erscheinen mir ihre Thesen diskussionsbedürftig. Insgesamt halte ich die Übernahme von Entdeckungen und Einsichten, wie sie in diesem Band vorgelegt werden und zu machen sind, für höchst befruchtend für eine allgemeine Erneuerung dessen, was mit Schuld, Sünde, Sündenbewußtsein, Bekehrung heute christlich gemeint sein könnte.

Im folgenden soll – aus Platzgründen notgedrungen summarisch – auf drei Sammelbände aufmerksam gemacht werden, von denen jeder einzelne und erst recht alle drei zusammen einen guten Einblick geben in die Bandbreite von Einzelthemen und Einzelforschungen, die im feministisch-theologischen Bereich der letzten Jahre anstanden. Maria Kassel, die selbst tiefenpsychologisch-feministisch-theologisch arbeitet, setzt sich im Vorwort der von ihr herausgegebenen „Perspektiven zur Orientierung“ **6** mit den Vorwürfen männlicher Theologen an die Adresse feministischer Theologie auseinander und gibt als Hauptziel dieser Veröffentlichung einen „Perspektivenwechsel“ an, „bei dem zum einen altbekannte Formen und Inhalte theologischen Denkens in einem neuen, weibliche religiöse Werte erhellenden Licht erscheinen und bei dem zum anderen neue Inhalte von und neue Wege zu theologischer Erkenntnis entdeckt werden“ und äußert die Hoffnung, daß nicht nur Frauen, sondern auch „Männer durch die Botschaft von Frauen in diesem Buch sich bewegen lassen, auch nach ihrer menschlichen Identität jenseits patriarchaler Religion zu suchen“. Themen und Autorinnen: Biblische Grundlegung (Elisabeth Schüssler Fiorenza), Sophia (Hildegunde Wöller), Ruah im Alten Testament (Helen Schüngel-Straumann), Gottesbilder (Sigrid Grossmann), Menschenbild und Sexualität (Hedwig Meyer-Wilmes-Müller), Spiritualität und Psychologie (Ursula Pfäfflin), Spiritualität und Thealogie (Naomi R. Goldenberg), Tod und Auferstehung (Maria Kassel), Gnosis (Christa Mulack), Frauen in der ökumenischen Bewegung (Catharina J. M. Halkes), Kirchliches Engagement (Johanna Linz), Frauen an der kirchlichen Basis (kath.: Evi Meyer; ev.: Uta Knolle).

Der von Marie-Theres Wacker herausgegebene Band **7** dokumentiert eine Tagung der Rabanus-Maurus-Akademie, die in einer Art Bestandsaufnahme „Disziplinen, Schwerpunkte, Richtungen“ feministischer Theologie vorstellte. Die Herausgeberin intendiert eine Zwischenbilanz „entlang den gewohnten theologischen Disziplinen“, obwohl feministisches Theologisieren vom Ansatz her bereits die Fächerteilung der traditionellen akademischen Theologie sprenge. So kommt schon im Vorwort in den Blick, was dann die Beiträge im einzelnen deutlich machen, wie gering nämlich die Wahlmöglichkeiten und Spielräume feministischer Theologinnen in den theologischen Lehranstalten hierzulande sind, falls sie dort überhaupt Fuß fassen konnten. – „Gefährliche Erinnerungen“ nennt Marie-Theres Wacker ihre feministischen Blicke auf die hebräische Bibel. Sie zeigt auf, wie sich aus diesen Texten Anfragen an die herrschende Theologie formulieren lassen, aber auch, welche Rolle diese spielen im Selbstklärungsprozeß feministischer Theologie und der Suche nach eigener weiblicher Spiritualität. Hervorzuheben ist, was sie in diesem Zusammenhang zu antijudaistisch-antisemitischen Klischees zu sagen hat. – Die Wiener evangelische Theologin Susanne Heine bietet in ihrer Untersuchung zu den „verschwundenen Frauen der frühen Christenheit“ einen Ausweg an für das Dilemma der im Neuen Testament gleichermaßen enthaltenen frauenfreundlichen wie frauenfeindlichen Texte, nämlich die hermeneutische Unterscheidung, ob die Texte sagen, wie es war, oder wie es sein soll, was heutige Frauen dazu führen könne: „das, was gewesen ist, müssen wir zur Kenntnis nehmen; für das, wie es sein soll, können wir streiten“. – Was feministische Kirchengeschichtsforschung zutage zu fördern imstande ist, läßt sich an Ruth Albrechts Darstellung der Katharina von Siena mitvollziehen. – Ida Raming beklagt den derzeitig noch geringen „Stellenwert des Kirchenrechts in der feministischen Theologie“ und leistet selbst einen Beitrag zu dessen Überwindung. – Hedwig Meyer-Wilmes reflektiert über den Zusammenhang von „Vater Gott und Mutter Kirche“ und untersucht diese

Symbolik bei zwei sehr unterschiedlichen Theologen, nämlich Leonardo Boff und Hans Urs von Balthasar. – Beatrix Schiele geht es in „Frauen und Männermoral" darum, daß in einer feministischen Ethik „Daseinssinn und Funktionssinn" auseinandergehalten werden, auf daß es nicht mehr heiße, „weil du Frau bis, sollst du ..." – Am Beitrag von Agnes Wuckelt „Ansätze einer feministischen Religionspädagogik" geht einem das Mißverhältnis auf zwischen männlich dominierter Theorie dieses noch jungen Wissenschaftszweiges und der Tatsache, daß faktisch überwiegend Frauen in Familie, Schule und Gemeinde die Weitervermittlung religiöser Inhalte, Werte, Haltungen überlassen wird und diese sich dadurch häufig alleingelassen und überfordert fühlen.

„Weiblichkeit in der Theologie – Verdrängung und Wiederkehr" **8** geht auf eine Tübinger Ringvorlesung im Wintersemester 1987/88 zurück und vereinigt Beiträge von Theologinnen, denen der „noch höchst dürftig entwickelte Dialog mit der kirchlichen und akademischen Theologie" am Herzen liegt – so die Herausgeberin Elisabeth Moltmann-Wendel. Sie selbst eröffnet mit einem Beitrag, der „Feministische Theologie und menschliche Identität" zusammenbringt, zieht Einsichten der Sozialpsychologie heran (Sexismus berührt nicht nur die politisch-gesellschaftliche Ebene, sondern „darüber hinaus die Privat- und Intimsphäre von Menschen"), sagt zur Jesusgestalt: „Wenn wir die Inkarnation und den ganzen Menschen Jesus ernst nehmen, müssen wir auch die Beziehungen und Abhängigkeiten, in denen Jesus lebte, wieder bewußtmachen", plädiert für Ganzheitlichkeit und Gegenseitigkeit: „Diesen Weg zu einer ganzheitlichen Theologie zu beschreiten, setzt allerdings das Selbstbewußtsein einer neuen Frauengeneration, die ihre Fähigkeiten und Chancen zu einem ganzheitlichen Leben und Denken ergreift, und ein Umleben und Umdenken einer Männergeneration voraus, die sich ihrer Abspaltungen bewußt wird."

Die Kasseler Alttestamentlerin Helen Schüngel-Straumann

nimmt sich jener so verhängnisvollen Wirkungsgeschichte der biblischen Erzählungen von ‚Paradies' und ‚Sündenfall' an, ausgehend von dem spät-alttestamentlichen Spruch: „Von einer Frau nahm die Sünde ihren Anfang, ihretwegen müssen wir alle sterben" (Sir 25, 24), weist ihn aus als „das Produkt einer späteren Fehlinterpretation, die dann von der christlichen Tradition einfach übernommen wurde". Luzide, sachkompetent und allgemein verständlich arbeitet sie dann heraus, was der jahwistische Schriftsteller in seiner Zeit sagen wollte: „... beide, Frau und Mann, sind von Gott geschaffen, beide sind menschlich, beide sind fehlbar", und folgert: „unsere Zeit ist nun aufgefordert, unter neuen Fragestellungen diese menschliche Existenz vollmenschlich zu gestalten". – So vorbereitet, kann die Leserin / der Leser gut den „sozialgeschichtlich-feministischen Überlegungen zum paulinischen Verständnis von Sünde und Befreiung" von Luise Schottroff folgen, einer Kurzform dessen, was in **5** breit dargestellt ist – siehe dort. – Besonders interessant in diesem Konzert ist die Stimme einer Koreanerin: Die 1953 geborene Professorin Sung Hee Lee-Linke schreibt über „Frauengestalten im Alten Testament aus der Perspektive asiatischer Frauen". Wenn ich auch an einigen Stellen Fragen und Einwände habe (z. B. was sie als ‚jüdisch' bezeichnet, wo m. E. besser hebräisch oder israelitisch stünde) und auch eine gewisse Spannung zu der Sicht von Schüngel-Straumann auf Gen 2 und 3 bzw. seiner inneralttestamentlichen Wirkungsgeschichte feststelle, so ist Frau Lees realistisch-pessimistische Herausarbeitung dessen, wie es der ‚Normalfrau' in jenen Zeiten erging, insgesamt eindrucksvoll. Sie zieht Vergleiche mit dem Ergebnis: „Besonders in Asien, wo das patriarchalische System immer noch tief verwurzelt ist, gleicht die Unterdrückung und Diskriminierung ohne zwischenzeitige Verbesserung oder Veränderung bis heute derjenigen im AT." –

Elisabeth Gössmann steuert einen Beitrag „Zur Rezeptionsgeschichte der Gestalt der Päpstin Johanna" bei. Wohlgemerkt, sie will und kann keine neuen Erkenntnisse „zum Problem der Existenz oder Nicht-Existenz eines weiblichen Papstes im 9. Jh. oder irgendwann in der Kirchengeschichte" vermitteln. Aber sie zeigt am in der frühen Neuzeit ausgetragenen Streit minutiös auf, „weshalb es diese Gestalt für die reformatorische Seite gegeben haben muß und für die katholische Seite nicht gegeben haben darf". Dieser Streit hängt zusammen mit der Frage, „ob die Weiber Menschen seien oder nicht", die wiederum in einem „Netz von Vorurteilen, Projektionen und Angstvorstellungen" verquickt ist mit der Rechtfertigung der Hexenverfolgung. (Die entsprechenden Quellentexte sind zu finden in **9**). Fazit der Autorin: „Die traurige Rezeptionsgeschichte dieser Gestalt als verbrecherische Geschlechtsverleugnerin, Hure, Hexe, zuweilen auch als Simonistin, spiegelt dagegen an einem besonderen Beispiel die Verdächtigung des weiblichen Geschlechts überhaupt als moralisch minderwertig und hinterlistig – eine Bestätigung der negativen Akzentuierung des Frauenbildes auch in der Geschichte des Christentums. Noch viel Aufklärungsarbeit wird nötig sein, um die bis ins Unbewußte gehenden Folgen solchen Denkens auszuräumen." – Herlinde Pissarek-Hudelist (Innsbruck), einzige Lehrstuhlinhaberin ihres Fachs, behandelt umsichtig „Die Herausforderung theologischer Frauenforschung an den Fachbereich Katechetik/Religionspädagogik", wobei sie zum Ergebnis kommt, daß es redlicherweise vorerst nur darum gehen könne, „Problemanzeigen zu liefern, Defizite anzumahnen, Forderungen und Lernziele zu formulieren, erste Lösungsversuche aufzuzeigen. In manchen Gebieten sind noch nicht einmal die richtigen Fragen gestellt." –

Besondere Beachtung verdient der Beitrag von J. Christine Janowski „Theologischer Feminismus – Eine historisch-systematische Rekonstruktion seiner Grundprobleme", weil die Autorin in umfassend-packendem Zugriff und scharfsichtiger Logik sich mit den Positionen und Konsequenzen dessen auseinandersetzt, was durch die feministische Theologie für die Theologie insgesamt ansteht. Wobei sie „die Anfragen des radikalsten, antichristlich gewordenen Flügels", die auch die gemäßigteren Spielarten durchzitterten, nicht schamhaft umgeht und ausblendet, sondern als anstehende benennt. – Alle drei Bände zeichen sich durch reiche Anmerkungen, Literaturhinweise (besonders **7**) sowie Kurzporträts der Autorinnen aus.

„Was bedeutet es, eine christliche Theologin des ausgehenden zwanzigsten Jahrhunderts zu sein? Was bedeutet es genauer, eine feministische, weiße, der Mittelklasse angehörende, amerikanische christliche Theologin zu sein? Was heißt es, innerhalb dieses Rahmens als gläubiger Mensch zu handeln und den eigenen Glauben zu reflektieren?" Solche Fragen „sind nicht aus dem Theologietreiben als solchem abgeleitet, sondern gehen aus einer Glaubensforschung hervor, die gegenwärtig in zunehmendem Maße vorherrschend wird. Es ist eine Glaubenserfahrung, in der einem die eigene Rolle, die man innerhalb der Gesellschaft entweder als Unterdrückerin oder als Opfer von Unterdrückung einnimmt, bewußt wird." Diese Sätze stehen im Vorwort eines Buches **10**, dessen Titel „Gemeinschaften des Widerstandes und der Solidarität" und dessen Einband mit dem surrealistisch anmutenden Symbolbild ‚Wurzeln' von Frida Kahlo zunächst andere Erwartungen wecken als eine Art fundamentaltheologischem Essay, der einem ‚einzigen Thema' nachgeht, nämlich „einer politischen Interpretation des christlichen Glaubens".

In fünf Kapiteln entwickelt Sharon D. Welch, Theologieprofessorin an der Harvard Divinity School, spiralförmig ihre Gedanken, die sie selbst als Versuch bezeichnet, „theologisch auf meine doppelte Identität zu antworten: der Identität als Unterdrückende und Unterdrückte". Ausgangspunkt ist ihr ‚die fundamentale Krise der christlichen Theologie', verschärft durch radikal-feministische Positionen wie die von Mary Daly, für die „der christliche Glaube als solcher ein Ausdruck des Patriarchats und der Nekrophilie ist". Welch fragt nach dem Wert des Christentums angesichts „der Barbareien des 20. Jahrhunderts" einschließlich der früherer Zeiten. Christlicher Glaube an einen liebenden und befreienden Gott bewahrheitet sich für sie nur in der Praxis. Ihr theologisches Denken und Vokabular sind geprägt von der lateinamerikanischen und schwarzen Befreiungstheologie, auch von der Politischen Theologie Johann B. Metz' und Dorothee Sölles – und arbeiten sich daran ab. Am stärksten zieht sie jedoch für ihre Argumentation die von dem französichen Denker, Wissenschaftstheoretiker, Wissenschaftskritiker Michel Foucault (1926–1984) entwickelte Begrifflichkeit heran (dankenswerterweise enthält die deutsche Ausgabe im Anmerkungsteil genügend Hilfen für deren Aneignung). Die Leser/innen werden von dieser Autorin, die einer mormonischen Farmersfamilie der amerikanischen Südstaaten entstammt, heute Mitte Dreißig, verheiratet ist und zwei Kinder hat, auf eine anstrengende Denkreise mitgenommen, die sich (mir) erst beim zweiten Anlauf wirklich erschloß. Mit Sharon Welch kommt ein neuer Klang in das Konzert feministischer Theologie, ja der Theologie überhaupt, ein Klang, der sehr radikal denkt und fühlt, stets den „Horizont der Erinnerung an die vielen Zeiten und Orte, wo der christliche Glaube und die christliche Hoffnung nicht Wirklichkeit wurden und die christliche Bestimmung des Menschen zunichte gemacht oder ausgelöscht wurde" – und gegenwärtig werden – im Blick hat, sich allzeit unserer „Unfähigkeit zur Gemeinschaft und zur Gerechtigkeit" skeptisch bewußt bleibt, für den Glaube nichts anderes bedeutet als „in der zerbrechlichen Balance zwischen absoluter Verpflichtung und grenzenlosem Mißtrauen zu leben ..." Dieser zunächst so schwer sich erschließende Essay könnte sich mit seiner herausfordernden Sprengkraft, mit seinem auch die eigenen Positionen relativierenden Skeptizismus vielleicht einmal als im eigentlichen Sinn ‚zukunftsträchtig' erweisen – seiner eigenen Maxime gemäß könnte das nur auf der praktischen Ebene der Verwirklichung sein.

(Sommer 1989)

*

1 *Doris Strahm:* Aufbruch zu neuen Räumen – Eine Einführung in feministische Theologie, Edition Exodus, Freiburg/Schweiz 1987, 155 S.

2 *Leonore Siegele-Wenschkewitz* (Hrsg.): Verdrängte Vergangenheit, die uns bedrängt – Feministische Theologie in der Verantwortung für die Geschichte, Kaiser-TB 29, München 1988, 280 S.

3 *Christine Schaumberger* (Hrsg.): Weil wir nicht vergessen wollen ... zu einer Feministischen Theologie im deutschen Kontext, Morgana Frauenbuchverlag, Münster 1987, 124 S.

4 *Marion Th. Kunstenaar* (Hrsg.): Der eigene Freiraum – Frauen in Synagoge und Kirche, aus dem Niederländischen von Ursula Münden, Burckhardthaus-Laetare Verlag, Offenbach a. M. 1989, 160 S.

5 *Christine Schaumberger / Luise Schottroff:* Schuld und Macht – Studien zu einer feministischen Befreiungstheologie, Chr. Kaiser Verlag, München 1988, 296 S.

6 *Maria Kassel* (Hrsg.): Feministische Theologie – Perspektiven zur Orientierung, Kreuz Verlag, Stuttgart 1988, 320 S.

7 *Marie-Theres Wacker* (Hrsg.): Theologie feministisch – Disziplinen, Schwerpunkte, Richtungen, Patmos Verlag, Düsseldorf 1988, 204 S.

8 *Elisabeth Moltmann-Wendel* (Hrsg.): Weiblichkeit in der Theologie – Verdrängung und Wiederkehr, GTB-Siebenstern-TB 494, Gütersloh 1988, 185 S.

9 *Elisabeth Gössmann* (Hrsg.): Ob die Weiber Menschen seyn, oder nicht?, Band 4 Archiv für philosophie- und theologiegeschichtliche Frauenforschung, Judicium Verlag, München 1988, 373 S.

10 *Sharon D. Welch:* Gemeinschaften des Widerstandes und der Solidarität – Eine feministische Theologie der Befreiung, aus dem amerikanischen Englisch von Silvia Bernet-Strahm, Edition Exodus, Freiburg/Schweiz 1988, 182 S.

Weitere Literatur zu einzelnen Kapiteln und Quellenhinweise

Zu Kapitel 2

Senta Trömel-Plötz: Frauensprache – Sprache der Veränderung, Fischer-TB 3725, Frankfurt/M. 1982, 219 S.

Senta Trömel-Plötz (Hrsg.): Gewalt durch Sprache, Fischer-TB 3745, Frankfurt/M. 1985.

Luise Pusch: Das Deutsche als Männersprache, Suhrkamp Verlag, Frankfurt/M. 1984, 202 S.

Frauengerechte Sprache, Werkheft „Die Mitarbeiterin" 1/1988 und 2/1988, Klens-Verlag, Düsseldorf 1988.

Zu den Kapiteln 5 und 6

Karin Walter (Hrsg.): Zwischen Ohnmacht und Befreiung – Biblische Frauengestalten, Verlag Herder, Freiburg 1988, 200 S.

Christine Friebe-Baron: Ferne Schwestern, ihr seid mir nah – Begegnungen mit Frauen aus biblischer Zeit, Kreuz Verlag, Stuttgart 1988, 157 S.

Phyllis Trible: Mein Gott, warum hast du mich vergessen! – Frauenschicksale im Alten Testament, GTB 491, Gütersloh 1987, 176 S.

Mieke Bal / Fokkelien van Dijk Hemmes / Grietje van Ginneken: Und Sara lachte … Patriarchat und Widerstand in biblischen Geschichten, aus dem Niederländischen, Morgana Frauenbuchverlag, Münster 1988, 131 S.

Eva Renate Schmidt / Mieke Korenhof / Renate Jost (Hrsg.): Feministisch gelesen – Ausgewählte Bibeltexte für Gruppen, Gemeinden und Gottesdienste, Kreuz Verlag, Stuttgart, Bd. I 1988, 296 S.; Bd. II 1989, 297 S.

Zu Kapitel 9

Edith Ennen: Frauen im Mittelalter, Verlag C. H. Beck, 3. Aufl., München 1987, 309 S.

Erika Lorenz / Veronika Straub (Hrsg.): Frauen der Kirche, Verlag J. Pfeiffer, München 1986, 123 S.

Irene Schmale (Hrsg.): Große Frauengestalten der abendländischen Kirche, Klens-Verlag, Düsseldorf 1987, 144 S.

Georg Schwaiger (Hrsg.): Teufelsglaube und Hexenprozesse, Verlag C. H. Beck, 2. Aufl., München 1988, 203 S.

Erika Wisselink: Hexen – Warum wir so wenig von ihrer Geschichte erfahren und was davon noch falsch ist, Verlag Frauenoffensive, 2. Aufl., München 1987, 130 S.

Im „*Frauenlexikon*" (vgl. Literaturbericht 3) ist unter den entsprechenden Stichworten vieles zum Thema zu finden.

Zu Kapitel 10

Helen Schüngel-Straumann: Die Frau am Anfang – Eva und die Folgen, Verlag Herder, Freiburg 1989, 190 S.

Zu Kapitel 11

Elisabeth Gössmann / Dieter R. Bauer (Hrsg.): Maria – für alle Frauen oder über allen Frauen?, Verlag Herder, Freiburg 1989, 216 S.

Hanna Barbara Gerl: Stern über dem Meer – Marias symbolische und biblische Gestalt; und: Ist Vollkommenheit langweilig? – Auf der Suche nach einer ‚anderen' Maria, in: Die bekannte Unbekannte, Matthias-Grünewald-Verlag, Mainz 1988, 160 S.

Doris Lindenblatt / Inge Tiemann: Maria – von Frauen entdeckt – Anregungen für die Gruppenarbeit, Klens-Verlag, Düsseldorf 1988, 90 S.

Maria – Ich sehe dich in tausend Bildern, Publik-Forum-Extra, Bestell-Nr. 2201, 36 S.

Maria-Sybille Heister: Maria aus Nazareth, Vandenhoeck & Rupprecht, Göttingen 1987, 113 S.

Bärbel von Wartenberg-Potter: Die Reise der Pachamama – Eine theologische Erzählung, Kreuz Verlag, Stuttgart 1989, 78 S.

Walter Schöpsdau (Hrsg.): Mariologie und Feminismus, Bensheimer Hefte 64, Vandenhoeck & Rupprecht, Göttingen 1985, 141 S.

Andrew Greeley: Maria – Über die weibliche Dimension Gottes, aus dem Amerikanischen von Anton Grabner-Haider und Phoebe Wyss, Styria Verlag, Graz–Wien–Köln 1979, 255 S.

Christa Mulack: Maria – Die geheime Göttin im Christentum, Kreuz Verlag, Stuttgart 1985, 246 S.

Maria Warner: Maria – Geburt. Triumph. Niedergang – Rückkehr eines Mythos?, trikont/dianus-Verlag, München 1982, 483 S.

Ruth Ahl: Unser Weg mit Maria, Kyrios-Verlag, Meitingen/Freising 1989, 38 S.

Zu Exkurs 3

Bibeltexte aus: „Du bist schön, meine Freundin!" Das Hohelied der Liebe, deutsche Nachdichtung von Josef Dirnbeck, Prosa über die Poesie des Hohenliedes von Peter Paul Kaspar, Verlag Herder, Wien 1984, 94 S.

Zu Exkurs 5

Dieser Text ist eine erweiterte und überarbeitete Fassung des Beitrags „Jesus und die Ehebrecherin – Ein Traum von verwirklichter Gleichheit" aus dem Sammelband von *Karin Walter* (Hrsg.): Frauen entdecken die Bibel, Verlag Herder, 4. Aufl., Freiburg 1988, 199 S. (vgl. Literaturbericht 1).

Zu Exkurs 6

Fra Angelicos Bilder sind zu finden in dem Bildband: *Anselm Hertz / Helmuth N. Loose:* Fra Angelico, Verlag Herder, Freiburg 1981, 189 S.

Frauen beten ...
mit eigener Zunge

Texte, gesammelt und herausgegeben von Ruth Ahl
Band 1714, ca. 160 Seiten
(erscheint im Sommer 1990)

Sie haben einen anderen Klang – Gebete, die vonFrauen für Frauen formuliert wurden. Sie sind aus dem Leben gesprochen. Ihre Texte können Frauen sich vorbehaltlos zu eigen machen. Die Autorin hat jahrelang Beispiele dafür gesammelt, angeregt und auch selbst verfaßt. Die Auswahl, die sie hier vorlegt, ordnet die Texte nach Tageslauf, Jahreskreis, Lebenslauf und besonderen Entscheidungs- und Krisensituationen.
Sie können so Frauen in den verschiedenen Lebensphasen helfen, authentisch, aus ungeteiltem Herzen, „mit eigener Zunge" zu beten.

Herder Taschenbuch Verlag

Frauenfragen

Elisabeth Gössmann
Die streitbaren Schwestern
Was will die Feministische Theologie?
Band 879, 144 Seiten

Alice Schwarz-Gardos
Frauen in Israel
Die Emanzipation hat viele Gesichter
Ein Bericht in Lebensläufen
Band 742, 144 Seiten

Gisela Hommel
Frauen wie Debora
Gestalten aus der Geschichte
des Glaubens
Band 1316, 128 Seiten

Verweiblichung als Schicksal
Verwirrung im Rollenspiel der Geschlechter
Herderbücherei INITIATIVE 23, 192 Seiten

Mutterschaft
Mythos und Zukunft
Herderbücherei INITIATIVE 70, 192 Seiten

Herder Taschenbuch Verlag